女たちのレボリューション

ロシア革命1905〜1917

Judy Cox *The Women's Revolution: Russia 1905-1917*

ジュディ・コックス　北村京子訳

作品社

女たちのレボリューション

——ロシア革命 1905～1917

序文　封印列車

一九一七年四月にフィンランド駅に到着した時点で、レーニンはすでに、二月革命はロシア革命の終わりにはなり得ないと判断していた。次なる社会主義革命のために戦うことを、彼は心に決めていた。ここまでは、社会主義者の多くが知るところだ。さらに突っ込んで尋ねられれば、かの有名な封印列車にはレーニンだけでなく、彼の腹心であるグリゴリー・ジノヴィエフも乗っていたことを思い出すかもしれない。カール・ラデックの名前も思い浮かぶだろう。なんといってもラデックは、後にこの旅の記録を書いているのだから。そして、常に忠実なるレーニンの妻ナデジダ・クルプスカヤと、やはりレーニンの腹心のひとりであったイネッサ・アルマンドがそこにいたこともよく知られている。一方で、女性の乗客はクルプスカヤとアルマンドだけではなかったと聞けば、驚く人もいるだろう。

ズラータ・リリーナ・ジノヴィエワも、この列車に乗っていた。彼女は一九〇二年にロシア社会民

図1　封印列車内のレーニンの想像図。女性の姿がまったくない点に注目

主労働党（ＲＳＤＬＰ）に参加し、その翌年にボリシェヴィキ派の一員となった。一九〇五年のサンクトペテルブルク革命で活躍した後、夫のグリゴリー・ジノヴィエフとともに亡命中のレーニンに合流した。八年間におよぶ亡命生活の間、このふたりはレーニンにとってとりわけ近しい協力者となった。女性ズラータ・リリーナは革命の年である一九一七年にも、党の活動家として重要な役割を担った。女性の乗客としてはこのほか、オリガ・ラヴィッチがいた。オリガは一九〇三年にＲＳＤＬＰに加わり、その四年後、ボリシェヴィキが計画したチフリスでの銀行襲撃に参加して逮捕された。オリガにはかつて、グレゴリー・ジノヴィエフと結婚していた時期があったが、その後離婚している。彼女もまた、積極的に活動し、尊敬を集める党員であり続け、革命後は高名な作家となった。

レーニンはボリシェヴィキ党の核であった。彼を中心として、党は一九一七年四月に妥協や裏切りと縁を切る方向に舵を取り、十月の権力掌握へと進んでいった。しかし、レーニンはこれをひとりで成し遂げたわけではない。彼の亡命に同行した女性たちは、靴下を直したり、お茶を入れたりするだけの存在ではなかった。彼女たちはマルクス主義革命家であり、労働者階級の解放を心に誓っていた。そのだれもが革命政権の中で欠かせない役割を果たし、大会の代議員や主要委員会のメンバーとなっていった。ところが今日では、ズラータ・リリーナやオリガに多少なりとも言及している文献を見つけることは困難であり、ましてや彼女たちが何を考え、何を主張し、革命の過程でレーニンの考え方にどのような影響を与えたのかを知ることは望むべくもない。クルプスカヤとアルマンドは比較的知られた存在ではあるものの、単にレーニンを手伝い、その言葉を広く世界に伝えた存在として見られがちだ。

レーニンが一九一七年革命の傑物であったことは間違いないが、革命のあらゆる段階において、そこには彼とともに議論し、理論を組み立て、組織を作った女性たちがいた。レーニンが今も社会主義革命の立役者として罵倒あるいは崇拝の対象となっている一方で、彼の近くにいた女性たちは、これまでずっと陰に追いやられてきた。

女たちのレボリューション——ロシア革命 1905～1917

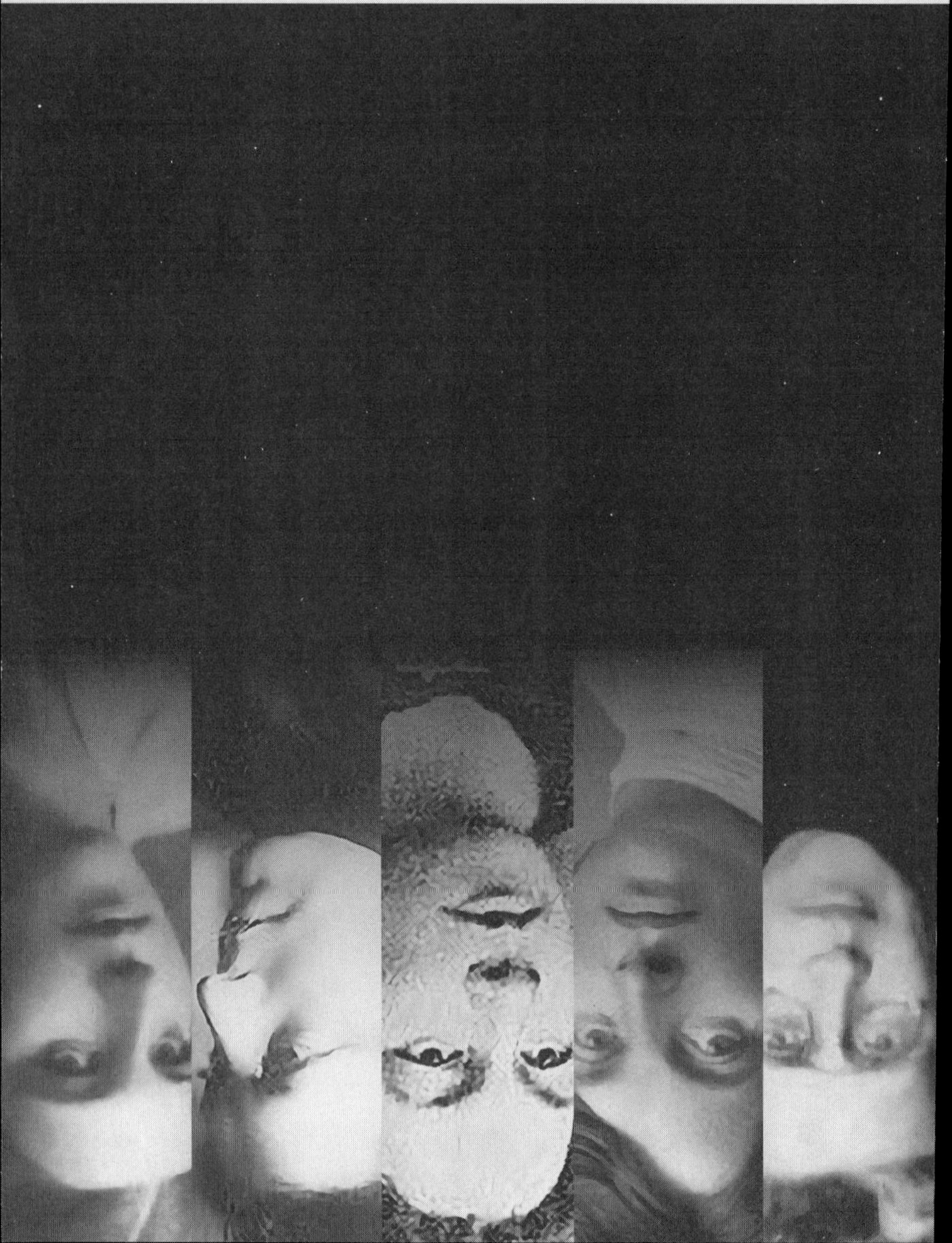

The Women's Revolution

Russia 1905–1917

女たちのレボリューション　目次

第一部　革命の時代

ДОМ МАТЕРИ
и РЕБЕНКА
СОВЕТ
РАБОЧИХ и КРЕСТЬЯНСКИХ
ДЕПУТАТОВ
ДЕТСКИЙ САД
КЛУБ РАБОТНИЦ

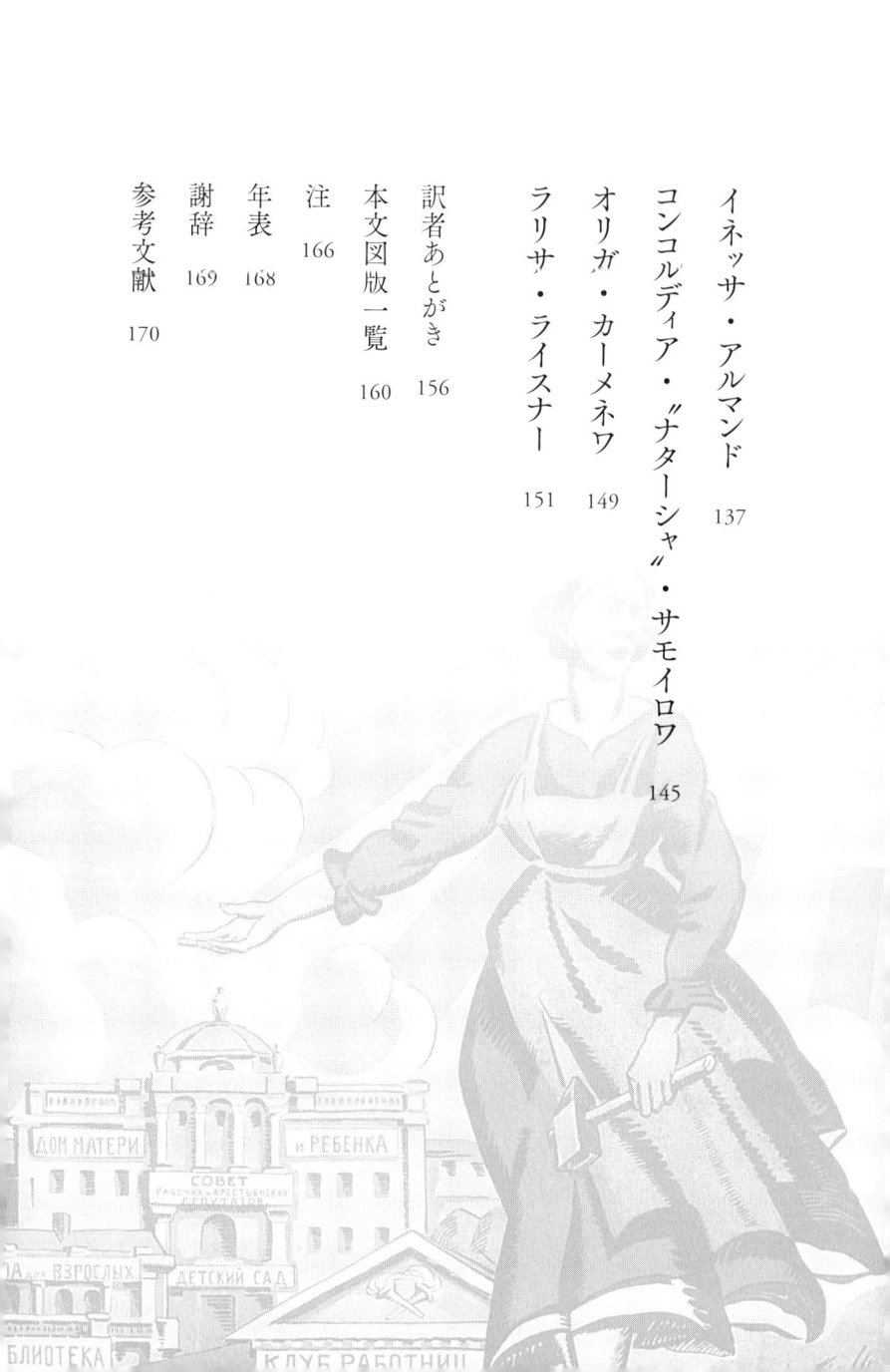

第一部　革命の時代

ПРИБАВКУ ПАЙКА
СЕМЬЯМЪ СОЛДАТЪ
ЗАЩИТНИКАМЪ СВОБОДЫ
И НАРОДНОГО МІРА.
БРАТЬЯ МОРИ

КОРМИТЕ
ДѢТЕЙ
ЗАЩИТНИКОВЪ
РОДИНЫ

扉写真：1917年3月後半の女性たちのデモ。

第一章　女性たちはどこに

女性たちは、左右および東西の歴史家たちによって、ロシア革命のあらゆる側面の記録から排除されてきた。西側諸国で広まっている革命の支配的なナラティヴは、ボリシェヴィキ党のことを、労働者階級の背後で権力を掌握した、鉄の意思を持つ狂信的な男性たちの組織として描いている。そのマッチョなクーデターにおいては、女性たちの出る幕はまるでない。スターリン主義者が語る歴史の場合、そこで存在を許されるのは、ソヴィエト連邦をつくったふたりの偉大な男性、つまりレーニンとスターリンだけだ。女性たちの姿は、レオン・トロツキーがそうだったように、まるで上から絵の具でも吹きつけられたかのように指導的な役割からかき消されている。

ボリシェヴィキに好意的な歴史家であっても、事情はあまり変わらない。エレーナ・スタソワは、進んで命令を実行する気概と能力を兼ね備えたボリシェヴィキの指導者であった。エネルギーにあふれ、恐れを知らず、革命政治に情熱を捧げていた。地下運動においては、レーニンとその妻クルプスカヤの忠実な協力者となり、後には党の重要な委員会に参加した。一九一七年には、年間を通してボリシェヴィキ党中央委員会の書記を務めた。「絶対者」と呼ばれるほどの重要人物だったにもかかわらず、良著とされるアレクサンダー・ラビノウィッチによる四〇〇ページの本『*The Bolsheviks Come to Power*（ボリシェヴィキが政権の座に）[1]』の中では、スタソワは文字通りその片隅、つまり脚注でしか言及されていない。

より社会的なアプローチを採用する歴史家はといえば、女性たちのことを、労働力の中でも未熟で組織化されていない集団に属するものとみなし、それ以上は考察しない傾向にある。女性労働者たちは「パンとニシン」を求めて立ち上がり、革命を始動させるものの、すぐに目立たない場所に引っ込んで、権力を握るという重大な仕事を男たちに任せてしまう。リチャード・スタイツの著書『*The Women's Liberation Movement in Russia*（ロシアにおける女性解放運動）』には、女性が一九一七年の歴史に登場しないのは、彼女たちが政治権力の中枢で活動したり、重要な決定を下したりしなかったからだと書かれている。スタイツはさらにこう続ける。「人口の半分を占める女性たちが一九一七年に果たした役割を誇張してみせることには意味がない[2]」

ロシア革命についての近年の文献は、女性の役割についてそこまで否定的ではなくなってきている。チャイナ・ミエヴィルが二〇一七年に発表した『*October: The Story of the Russian Revolution*（オクトーバー：物語ロシア革命）』[3]には、多様な政治的抵抗組織に属する女性たちが登場する。タリク・アリによる二〇一七年の『*The Dilemmas of Lenin*（レーニンのジレンマ）』[4]は、女性たちに一章を割き、マルクス主義者が女性への抑圧を分析する際に用いる理論的背景や、家族やセクシュアリティにまつわる議論について述べている。しかし不思議なことに、一九一七年に起こった出来事において女性が果たした役割については、アリのナラティブでは言及されていない。

今日人々の記憶に残っているほんのひと握りの女性ボリシェヴィキたちは、その地位をもっぱら重要な男性との関係から得たとされている。彼女たちの描写はほぼ例外なく、夫に構ってもらえない悲劇的な妻、グラマラスでセクシーな美女、口やかましいオールドミスなどのステレオタイプだ。ナデジダ・クルプスカヤの伝記には『*Bride of the Revolution*（革命の花嫁）』[5]という題名がつけられているが、これではまるで読者が興味を持つのは、彼女がレーニンと結婚したという事実のみだとでも言いたげだ。イネッサ・アルマンドは、レーニンの魅惑的な友人、そして愛人だった可能性のある女性として記憶されている。

社会主義者の女性たちを表現する際に使われる言葉は、多くの場合、性差別的な決めつけを含んでいる。女性革命家は、本人がどれほど性的に魅力的だったかによってジャッジされる。無器量なオールドミスや小うるさい義母にはほとんど言及されない一方で、美しい女性の身体的な特徴はいつまでも語り継がれる。ロバート・サーヴィスは自著『*Lenin: A Biography*（レーニン：伝記）』の中で、アルマンドについてこんなふうに描写している。「彼女はくっきりとした高い頬骨を持っていた。鼻はかすかに曲がり、鼻孔が美しく広がっている。上唇はほんの少し突き出ている。歯は白く、きれいに並んでいる。眉はつやがあり、黒々としている。そして子供たちを産んだ後も、彼女はその体型を保っていた[6]」。アルマンドがそれほどほっそりとした体を維持していた原因はむしろ、長年の亡命生活や、五人の子供たちの世話をしながら地下革命運動に従事していたことにあったのかもしれない。

本人の実力によって注目に値するとみなされる数少ない女性のひとりに、アレクサンドラ・コロンタイがいる。従来のボリシェヴィキ党史では、コロンタイはその華やかな美貌と魅力、弁舌の力強さ、そして彼女が性的自由に関心を持っていたことに焦点が当てられる傾向にある。フェミニストの歴史は彼女のことを、頑固なボリシェヴィキを相手に、女性労働者の話に耳を傾けさせようとたったひとりで戦い、声を上げた孤高の人物として描写する。女性で、社会主義者で、歴史家であるキャシー・ポーターが登場して初めて、コロンタイをロシア革命の中心に位置づける伝記が書かれることになった[7]。

一〇〇年間にわたり、歴史家は、革命において女性たちが、妻や恋人としてではなく、戦闘的活動家や政治的指導者として担った役割を無視し続けてきた。しかし女性労働者は、第一次世界大戦に対しても、過酷な物価上昇に対しても、劣悪な労働条件に対しても、これに抵抗する運動の最前線にいた。女性社会主義者たちは、革命組織の古い殻を破って女性たちに手を差し伸べ、組織化を促し、そしてその過程における女性たちの苦闘が、ボリシェヴィキ党を形作っていった。女性ボリシェヴィキたちは、同じ党に所属した男性同志たちと同等の評価を得るに値する。彼女たちはロシアの革命組織の構築に貢献した。彼女たちは何年にもおよぶ弾圧の中で、そうした革命組織を維持するために尽力した。彼女たちは、男性および女性の労働者に働きかけて、帝国主義者の戦争に反対して自分たちの手に権力を握らなければならないと説得する一助となった。家庭や家族を離れて、苦難、刑務所への収監、追放に耐えた女性たちに焦点を当てることは、ボリシェヴィキがどのように権力を獲得したかについての理解を深めるうえでも、また、抑圧された人々を革命政治の中心という正当な場所に戻すうえでも、何か有益なものをもたらしてくれるだろう。

第二章　パリのロシア人：「バリケードへ！」

偉大な革命家ローザ・ルクセンブルクは、革命はそれが起こる前には不可能だと認識されるが、起こった後には必然だったとみなされると述べている。女性の労働者および社会主義者たちは、不可能を可能にするその作業の一端を担った。ロシア人は、参考にすべき先人たちによる革命の伝統を持たなかった。必然的に彼らは、カール・マルクスやフリードリヒ・エンゲルスの著作や、ヨーロッパで起こった偉大な革命の数々にインスピレーションを求めた。一九世紀末最大の反乱といえば、パリ・コミューンであった。パリ革命政府支持者《コミューナード》たちの英雄的行動が明らかにしたのは、支配階級はどのように権力を維持しているのか、また、どうすれば男性だけでなく女性たちも動かして、支配階級に対抗することができるかについての新たな現実だった。女性を含む活動家たちのネットワークを通じて、コミューンはロシアの社会主義政治に深い影響をおよぼし、革命家の世代を覚醒させた。

一八七一年三月一八日、パリの女性たちが、大勢の兵士と大砲との間に立ちはだかった。彼女たちは、何があろうとも大砲を確保して、プロイセンの兵士から街を守ろうと決意していた。フランス政府は、数カ月にわたる戦いと、壊滅的な打撃を被ったパリ包囲の末に、すでにプロイセンに降伏していた。パリ市民はしかし、戦いをやめるつもりはなかった。早朝、家々をまわって牛乳を配る酪農婦たちの口から、兵士が大砲を奪取しているとのニュースが広まった。パリの女性たちがルコント将軍に対峙すると、彼は兵に発砲を命じた。女性たちは大声で訴えた。「わたしたちを撃とうというのか？」兵士たちは発砲することなく女性たちの側につき、将軍は処刑された。正午には、大半の大砲はパリ市民の手中にあった。

この事件をきっかけとしてパリ・コミューンは誕生した。パリ革命政府支持者《コミュナード》たちが世界有数の大都市であるパリを掌握するために立ち上がり、これを二カ月間にわたって支配した。その過程において、彼らは既存の社会秩序に挑戦し、また社会主義や女性の権利を含むさまざまな思想からインスピレーションを吸収した。「街の至るところで、反乱を起こした女性たちが、革命を実践し、鼓舞し、理論化し、先導した」[▼8]。これら叛逆の女性たちは、女性の役割に関する既存の先入観を打ち砕き、新たな社会の創造に自分たちも参加する権利を主張した。非常に重要なのは、ロシアの女性たちが、コミューンにおいて重要な役割を果たしただけでなく、その経験をロシアの革命運動に持ち帰ったことだ。

一八六〇年代のロシアでは、「革命の嵐が、若い世代の知識階級《インテリゲンチャ》の間に吹き荒れていた」[9]。それは当時の文学にも反映されており、たとえばニコライ・チェルヌイシェフスキーによる一八六三年の小説『何をなすべきか』は、大きな影響力を持っていた。教養ある中産階級のロシア人女性は、抑圧的な家父長制社会に抗って、帝政ロシア当局が女性には与えようとしなかった教育を求めるようになった。ソフィア・コワレフスカヤはこう記している。「まるで流行り病のようなものが、子供たち、特に少女たちの間に広がった。それは、父系的な家から逃げ出したいという思いだ」[10]。ソフィアは、生家である裕福な軍人家庭を逃れてドイツへ行き、優れた数学者となった。姉のアンナはソフィアとともに赴いたジュネーヴで、革命家のヴィクトル・ジャクラールと出会って結婚、また、自身と同じロシア人の急進主義者エリザベート・ドミトリエフとも交流を持った。その後、アンナ・ジャクラールはパリへ向かい、製本工として働きながら、第一インターナショナル［一八六四年に欧州の労働者、社会主義者によって結成された世界初の国際的労働者組織］で活躍するようになった。つまり「アンナは、仕事の必要性と労働者の革命を同時に発見した」[11]のだった。

コミューンにいる間、アンナ・ジャクラールはモンマルトル監視委員会の設立に尽力した。この団体は、研究会や野戦病院の設立、女性の権利向上運動を手がけ、また影響力のある政治クラブへ女性弁士を派遣した。これに反感を覚えた当時の人々は、赤いサッシュを着け、泣きわめく赤ん坊を抱えて金切り声を上げる女性たちが、政治クラブで幅を利かせていたと述べている。コミューンが救援要

図2　エリザベート・ドミトリエフ

請を発出した際には、アンナ・ジャクラールの監視委員会はこう宣言した。「革命の精神に触発されたモンマルトルの女性たちは、革命への献身を行動で証明することを望む」[12]。ジャクラールはまた、社会主義者の新聞を立ち上げて記事を執筆し、カール・マルクスとも書簡を通じた交流を持った。

パリ革命政府支持者《コミュナード》たちが結成したもうひとつの有力な組織に「女性同盟」があった。これはアンナのロシア人の友人エリザベート・ドミトリエフによって設立されたものだ。ドミトリエフは、裕福なロシア軍軽騎兵将校と若い看護師という未婚の両親の間に生まれた。一八六〇年代、急進的な仲間たちに囲まれて成長した彼女は、スイスへ向かい、そこで出会ったロシア人革命家たちから勧められて、ロンドンでカール・マルクスに会った。ロンドンでの三カ月間を、ドミトリエフはマルクスやその娘であるラウラ、ジェニー、エリノアと話をしたり、ほかの社会主義者たちと会ったりして過ごした。マルクスの娘ジェニーが未来の夫にあてた手紙には、ドミトリエフについての短い言及があり、その内容からは彼女が非常に熱心な革命家であったこと、また、女性たちがしばしば政治活動と性的関係の間で選択を迫られていた状況が垣間見える。エリザベートは、自分の友人たちが政治的な活動を離れてありきたりな結婚生活を選ぶことを望んでいなかった。ジェニーは、もし自身が書いたラブレターをドミトリエフが読んだなら、「きっとひどくあきれて、がっかりすることでしょう！」と書いている。「彼女はわたしをヒロインに、第二のロラン夫人［一七五四～九三年。フランス革命で活躍した女性］にしようと心に決めているのだから……世界からヒロインを奪ったのはあなただということを忘れないでくださいね[13]」

マルクスは一八七一年、ドミトリエフを自身の使者としてパリに送っている。二〇歳という若さにもかかわらず、ドミトリエフは、自身が人を惹きつける才のある有能な革命指導者であることを証明してみせた。一八七一年四月、彼女は女性同盟を設立し、働く女性たちにコミューンへの支持を呼びかけた。この同盟には、帽子屋、お針子、製本工、ボール紙製造者、金磨き職人など、さまざまな職業の女性たちが集まった。女性同盟は、新たな工房制度を通して、労働条件と仕事の本質そのものの両方を改革するというコミューンの試みを中心となって進めた。ドミトリエフは書いている。「仕事を資本主義的搾取の束縛から奪い去ることにより、これら組織の形成は、いずれ労働者が自分自身の事業を運営することを可能にする[14]」。ドミトリエフとジャクラールは、どちらも男女労働者の結束を求めて闘い、男性たちから上がっていた、男性に支払われている比較的高い賃金の引き下げに利用されないよう、有給労働から女性を排除せよとの声に抵抗した。

フランス政府がコミューンに対して容赦ない攻撃を開始したとき、ドミトリエフをはじめ多くの女性たちは、何日にもわたってバリケードに留まった。何千人ものパリ革命政府支持者《コミュナード》が銃に倒れ、さらに多くの人が処刑、あるいは移送された。アンナ・ジャクラールとその夫は身柄を拘束されて、夫は死刑を、アンナは終身重労働の刑を言い渡された。幸い、ふたりはなんとかロンドンに逃れることに成功し、カール・マルクスのもとに身を寄せた。ロシアに戻った後、アンナは、皇帝に対する農民蜂起を促すための革命的暴力を提唱する組織「人民の意志」周辺の革命グループに接触した。エリザベート・ドミトリエフもまた、弾圧を逃れてロシアに戻った。

パリ・コミューンの経験は、とりわけ第一インターナショナルを通じてヨーロッパにおける社会主義の伝統を形成した。そしてジャクラールとドミトリエフは、どちらも第一インターナショナルのロシア支部で活動した。コミューンを経て、多くの社会主義者が認識したのは、女性労働者を社会主義運動の仲間に引き入れることは可能であり、またそうすべきであるということだった。コミューンの経験は、レーニンが執筆した『国家と革命』▼15の重要な章の礎となり、ボリシェヴィキによる国家というものについての解釈の土台を築いた。それは、国家と対立することなく支配者に立ち向かうことができると考えていた人々への恐るべき警告となり、そうした意味において、ロシア革命に流れ込んだいくつもの支流のひとつであった。

第三章　最初の革命家たち：「人民の中へ！」

二〇世紀初頭、ロシア帝国は地球表面の六分の一を占め、一七〇の異なる国籍を持つ一億五〇〇〇万人の人々を支配下に置いていた。約二〇〇〇万人の農民たちは、一八六一年に農奴制（農民が領主に隷属する制度）から解放されたばかりだった。ロマノフ王朝のロシア支配は三〇〇年間にわたって続いており、その本質が絶対主義国家であることに変わりはなかった。一九世紀ロシア社会の極めて抑圧的な性質は、過激な反応を醸成した。パリ・コミューン崩壊後の数年間、若い世代の人々は、ロシアの絶望的な不平等にどう取り組めばよいのかについて悩み、苦悶の中にいた。「人民の中へ」運動と、結社「土地と自由」が目指したのは、農民を教育することによって蜂起を促すことだった。しかしロシアでは、女性たち自身が高等教育から排除されていた。ロシアの女性革命家の第一世代は、自らを教育し、また農民たちを教育できるようになるための道を模索し、その多くが国外の大学で学んだ。女性たちの中には、男装に身を包んで革命のパンフレットを手に農村を回る者もいれば、平等主義のコミューンを設立する者もいた。農民たちから思うような反応が得られない中、新たな組織「人民の意志」が誕生した。「人民の意志」の活動家たちは、暴力とテロリズムをもって革命の機運を高めようと試みた。女性たちは、こうした動きのすべてにおいてその最前線にいた。

若者たちの間には、歴史は遅々として進んでおらず、自己犠牲や苦難もいとわない姿を広く知らしめることによって、その進行をスピードアップしなければならないとの意識があった。帝政ロシア政権は内部から腐敗しており、その残虐性は、こうした反対運動への対応に現れていた。学生革命家に対する弾圧が開始され、一八七七年十月には数千人の若者が一斉逮捕されるに至った。続いて行なわれた「一九三人裁判」は、数々の不満が渦巻くるつぼと化し、これを燃料として運動は勢いづいた。この初期の裁判において無罪となった数少ない人物の中に、ソフィア・ペロフスカヤがいた。ソフィアは、生家である貴族の家を捨てて急進的革命家になった人物だ。彼女はその後、三回にわたってアレクサンドル二世の暗殺計画に参加し、一八八一年三月一日についに目的を果たした。わずか二七歳だったソフィアは、ロシアにおいてテロ行為を理由に処刑された最初の女性となった。その勇気と圧政に対する揺るぎない姿勢により、ソフィアは、若き日のアレクサンドラ・コロンタイ[16]をはじめとする多くの女性たちから英雄視される存在となった。

ヴェラ・フィグネルは、精力的に活動していた革命家たちの中でも、一八七七年の弾圧を逃れるこ

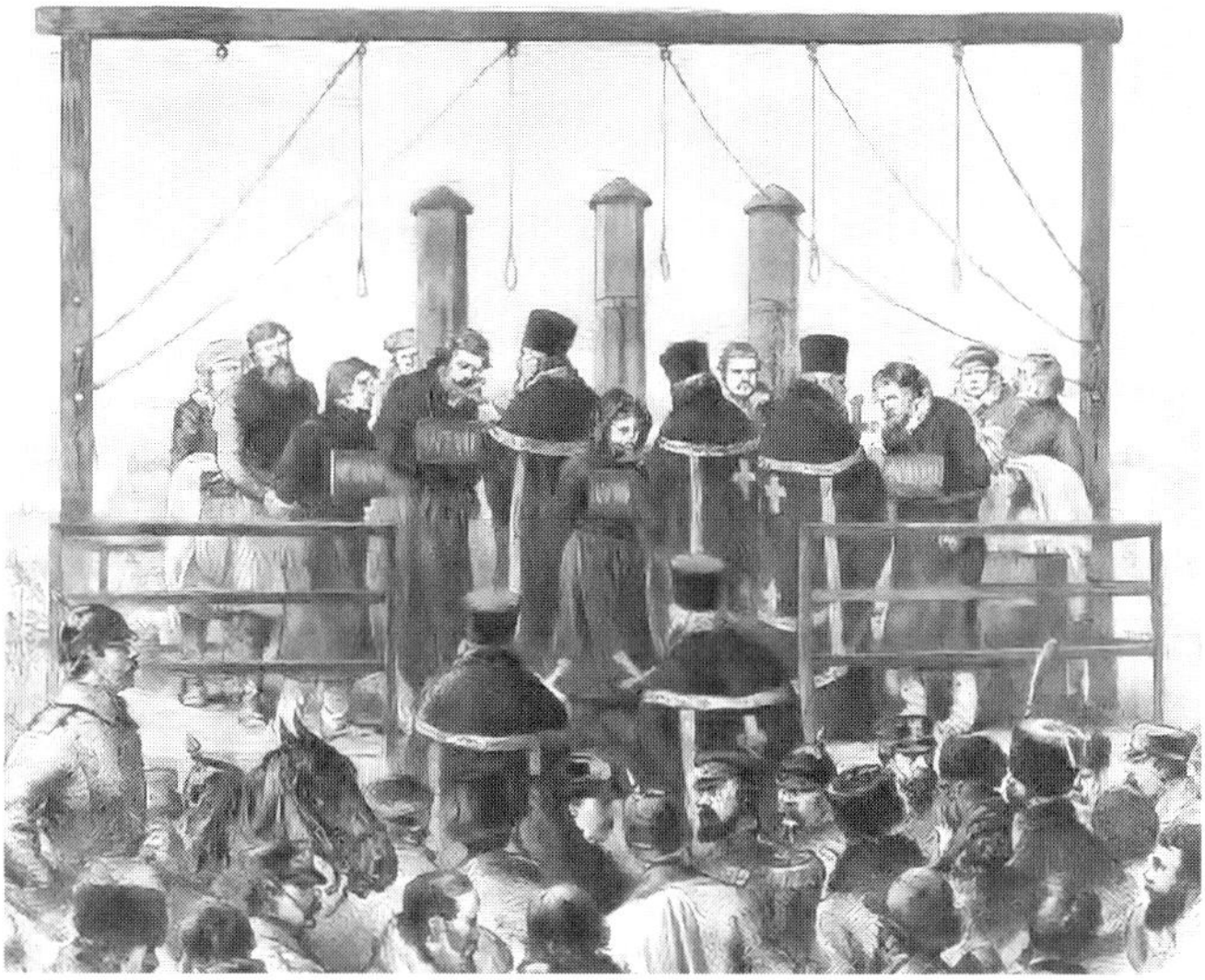

図3　ソフィア・ペロフスカヤの処刑

とができた数少ないひとりだった。ソフィアと同じく貴族の家庭に生まれ、ベルンで医学を学ぶために家を離れた。学業を放棄してロシアに戻ったのは、革命運動の勢いを再燃させるためだった。彼女は、アンナ・ジャクラールともかかわりのあった組織「人民の意志」の主要メンバーになった。ソフィア・ペロフスカヤと同じく、フィグネルもアレクサンドル二世の暗殺に参加して逮捕され、二〇カ月間独房に監禁された後、死刑宣告を受けた。ソフィアとは異なり、フィグネルは減刑されて二〇年間を刑務所で過ごした。一九〇六年、許可を得て国外へ出たフィグネルは、そこで政治犯救済のために活動し、彼女が発表したロシアの刑務所についてのパンフレットは多くの人の目に触れることになった。一九一七年の二月革命後には、フィグネルは急進派運動の象徴として扱われるようになり、十月革命後に出版された回想録は、ロシアで大反響を呼んで多くの言語に翻訳された。フィグネルはその後も、生涯にわたって囚人たちのための活動を続けた。「殉教の思想は、キリスト教の伝統によって少女たちの心に植えつけられた」とフィグネルは書いている。「そして、それは抑圧された人々の権利を求める苦闘によって強化された」[17]

逮捕前のヴェラ・フィグネルが政治活動で知り合った人たちの中に、同じヴェラという名前を持つ女性がいた。それがヴェラ・ザスーリチだ。ザスーリチは仲間内の変わり種だった。というのも、彼女は貧しい家の出身であり、セールプホフで事務員として働いていたからだ。工場労働者に読み書きを教えているときに革命家とかかわりを持つようになり、一八六九年から四年間投獄された。「一九三人裁判」の後、ザスーリチは、トレポフ大佐が囚人を虐待したことへの復讐として、彼の暗殺を決意する。そして相手に重傷を負わせることに成功した。ザスーリチの裁判は、トレポフの残虐さが暴かれたことによってセンセーションを巻き起こし、数々の証拠が上がっていたにもかかわらず、陪審員は彼女を無罪とした。ザスーリチはスイスへ逃れ、そこで熱心なマルクス主義者に転向し、また、後にロシア社会民主労働党へと発展する「労働解放団」の創設メンバーのひとりとなった。レーニンやその他の主要なマルクス主義者とともに、社会主義新聞『イスクラ』の創刊にも携わった。革命運動に身を捧げていたザスーリチであったが、やがてボリシェヴィキと対立するメンシェヴィキを支持するようになり、一九一七年の十月革命には反対する立場をとった。それでも、トロツキーはザスーリチに対して変わらぬ尊敬の念を抱いていた。彼女の死後にトロツキーが書いた文章には、ザスーリチは、マルクス主義の理論的要素と一八七〇年代ロシア急進派の「倫理的政治基盤」の両方を兼ね備えていたとある。[18] ザスーリチという女性と、ロシア帝政に対する抵抗は、国を超えた共感を呼んだ。オスカー・ワイルドによる初の戯曲『ヴェラ、実は虚無主義者たち』は、ザスーリチの生涯をヒントに書かれている。[19]

ロシア急進派男女の「倫理的基盤」は、献身と自己犠牲の伝統を確立した。彼ら初期の急進派は、その身をもって、圧政に対する闘いにおいて女性が主導的な役割を果たせることを示した。そうした伝統を引き継ぎ、発展させていったのは、一八八〇〜九〇年代に成人し、社会主義革命のために生涯を捧げた女性たちであった。ヴェラ・ザスーリチは、テロリズムと急進的ポピュリズムから出発して革命政治への道を見出した、数少ない勇敢な女性たちのひとりだった。こうした女性たちの活動は、後に続く人々のために「今にも崩れそうな橋」を架ける一助となった。[20]

革命的社会主義者が集うRSDLPに参加した女性たちは、理想主義と自己犠牲の精神を持っている点では過去のテロリストたちと変わらなかったが、彼女たちの勇気が向かう先は、暗殺ではなく地下での活動だった。彼女たちは「トヴョルドスチ［твердость、堅さの意］」を持っていることで知られていた。この言葉は、大義への揺るぎない献身と、ロシア帝政による弾圧および同志からの性差別の両方に立ち向かう勇気を意味していた。勇気だけでは足りないということはすでに、農民たちの奮起を促したポピュリストの世代によってはっきりと示されていた。スパイ、秘密警察、拷問部屋、収容所を有する帝政ロシアの独裁に立ち向かうには、より強力な社会的勢力が必要だった。女性たちはそうした力を、マルクスやエンゲルスの著作を読む研究サークルに、そして、彼女たちが日曜学校で教えていた、モスクワやサンクトペテルブルクの大規模工場で働く人々の中、つまり労働者階級の中に見出した。最初のマルクス主義革命家たちは、地球上でもとりわけ専制的な支配体制のただなかにありながら、革命組織を作り上げるために、投獄や追放の危険を冒して手紙や文献を秘密裏に国内に持ち込み、ネットワークを構築していった。

二〇世紀になるころには、一八八〇年代の弾圧によって壊滅的打撃を受けたロシアの急進運動は息を吹き返していた。この時期、特に大きな影響力を持つ女性革命家の多くがＲＳＤＬＰに参加した。一九世期末に、非常に多くの女性たちが革命家になるという厳しい道を選んだおかげで、二〇世紀に入るころには、ロシアには欧州のどの国よりも急進派の女性が数多く存在した。[21] 彼女たちは個人的な生活を捨て、逮捕、投獄、追放の脅威に常にさらされながら、帰る家もない生活を続けた。地下では女性も男性も同じ扱いを受けた。だれもがろくに食べず、床で眠り、書類を密かに国外から持ち込み、不安と恐怖の中で暮らしていた。この女性社会民主主義者の第一世代には、貴族や上流中産階級の出身者が多かった。そうした状況はしかし、今まさに変わりつつあった。

第四章　一九〇五年：「抑圧された者たちの祝祭」

一九〇五年一月九日、約二〇万人のデモ隊が、サンクトペテルブルクの通りに降り積もった雪の中を行進した。皇帝《ツァーリ》のもとに請願書を届けるためだ。請願書には、市民はもはや人間らしい扱いを受けておらず、「苦しい運命を黙して耐えなければならない奴隷」[22]であると記されていた。デモの参加者は日曜に教会へ着ていく一張羅に身を包み、手には皇帝《ツァーリ》の肖像や聖像を掲げていた。事実、皇帝《ツァーリ》に向けられる民衆の信頼は、宗教的な熱を帯びていると言っても過言ではなかった。

皇帝《ツァーリ》はすでにサンクトペテルブルクを離れていたが、冬宮殿周辺に近づこうとする請願者を阻止する一万二〇〇〇人の軍隊の配備は前もって済ませてあった。宮殿に向かうデモ隊の前に、騎兵大隊が立ちはだかった。兵士たちはライフルを低く構えると、群衆に向けて発砲した。人々が悲鳴をあげて倒れても、兵は発砲を続けた。血が雪を染め、何百人もの男性、女性、子供たちが銃弾に倒れた。この大虐殺をきっかけとして、ストライキと抗議運動の大波がロシア帝国全土に巻き起こった。一九〇五年革命の始まりだった。後にロシア革命家の中でも傑出した存在となるアレクサンドラ・コロンタイは、「血の日曜日」として知られるようになるこの日の行進に参加していた。この経験についてコロンタイは、皇帝《ツアーリ》は自身でも気づかぬうちに、デモ参加者だけでなく、「皇帝《ツアーリ》から正義を得られると信じていた労働者の信頼」をも殺し、「それから後はすべてが以前とは異なる、新しいものとなった」[23]と書いている。

革命は多くの人に驚きを持って受け止められたが、一方で働く女性たちとつながりのあった者たちは、彼女たちの中で、耐え忍んできた苦難への抵抗が大きくなっていることをよく知っていたはずだ。一九〇四年の日本との戦争により地方の状況は著しく悪化し、何千人もの農家の女性たちが反乱を起こした。この反乱は、嘲笑を込めて「バビ・ブント［Babi Bunty、ロシア語は「Бабий бунт」と思われる。ここでは原語の通りの読みとした］」、つまり「農婦の暴動」と呼ばれた。多くの女性たちが、必死の思いで「受動的で無知な自分を捨てて」都市へ向かったと、アレクサンドラ・コロンタイは書いている。[24]

一九〇四年には、高まる産業不安の波がロシア全土に押し寄せ、その影響は多くの女性労働者、とりわけ繊維産業で働く女性たちを巻き込んだ。RSDLP内のボリシェヴィキ派に属する一部の女性メンバーは、そうした女性たちを無視していては、党がストライキ運動の先頭に立つことはできないと気づいていた。

しかし、女性にアピールするという考えに対しては、多くの社会主義者や労働組合員から反対の声が上がった。なぜなら、女性労働者の大半は熟練を要しない、組織化もほとんどされていない産業に集中しており、自らを組織化する能力をもたないと思われていたからだ。女性労働者はまた、労働者階級の中でも政治的に最も遅れた集団であるのだから、労働者運動の足かせになるともみなされていた。アレクサンドラ・コロンタイは女性労働者に手を差し伸べることを望んだが、彼女自身が、自分の会った女性たちの保守的な考え方に不満を抱いていた。「働く女性たちはここに至ってもまだ人生も闘争も避け、自分たちの運命は鍋、洗濯だらい、ゆりかごにあると信じていた[25]」

農村の女性たちはあたりまえのように、自分の生涯は母親、祖母、曽祖母と同じようなものになるだろうと考えていた。ところが、貧困が否応なしに彼女たちを都市や職場へと連れ出した。女性はその立場の不安定さから家族という形に固執する傾向にあったが、伝統的な生活様式の崩壊は同時に、女性たちが新しい世界観を受け入れることにつながった。一九〇五年に起こったストライキの大波の中で、女性労働者は自分たちに期待される役割を逸脱して組織化を始めた。女性が圧倒的に多かった洗濯労働者と家庭内労働者はストライキを行ない、労働組合の結成を目指した。「女性たちは古い隷属の心を捨て、機械の前を離れて、ストライキ運動に前例のない連帯感と自信をもたらした[26]」

一九〇五年の時点で、長年にわたって繰り返された逮捕と弾圧の末に、ロシアでのボリシェヴィキ党の勢いは衰えていた。しかし、党内には核となる経験豊富なメンバーが存在し、そのおかげで各所で影響力をおよぼすための行動に出ることができた。たとえば、女性ボリシェヴィキたちは、フィンランドからロシアへ武器を密輸するうえで大いに力を発揮した。香水をつけることでダイナマイトの匂いをごまかしたり、スカートの中にライフルを隠したりすることができたのだ。とりわけ大胆な運び屋だったフェオドシヤ・ドラブキナという名の女性は、カモフラージュとして三歳の娘リズカを連れて、サンクトペテルブルク市内でミッションをこなしていた。リズカは、あのころは母親の体型がしょっちゅう変わることに当惑したものだと語っている。密輸した武器を運んだり人に届けたりするたびに、母親の体は大きくなったり小さくなったりした。一九〇五年十二月、この母娘コンビはモスクワに爆弾を持ち込むことに成功し、現地で起こっていた反乱に貢献した。[27]

フェオドシヤのような女性たちは非常に勇敢ではあったが、一九〇五年には、革命の中心は武器や市中のバリケードから、職場や、労働者階級による直接民主主義の機関「サンクトペテルブルク・ソヴィエト」へと移りつつあった。レーニンの妻クルプスカヤは、一九〇五年に亡命先から帰国することができた大勢の革命家のひとりだった。彼女はボリシェヴィキ中央委員会の書記となり、そこで自分たちが行使できる力の大きさを実感した。「わたしたちがどうやってあれだけのことをこなせたのか、どうやってだれにも支配されることなく、『自分たちの自由意志』による生活を送りながら物事の秩序を維持できたのかは、想像もできないほどだ」[28]

彼女たちのようなプロの女性革命家は、男性労働者からの尊敬を勝ち得ることができた。たとえばアレクサンドラ・コロンタイは、サンクトペテルブルク・ソヴィエトの第一回会議に代議員として派遣されている。コロンタイ、クルプスカヤ、エレーナ・スタソワら経験豊富な女性扇動家はまた、新たに急進派となった女性労働者を革命社会主義に取り込むうえでも有能だった。さらにボリシェヴィキは、さまざまな職場内にも少数の女性党員を擁していた。ヴェラ・カレーリナは、一九〇四年、「ペテルブルク市ロシア人工場労働者の集い」を支援するために、女性労働者数千人を組織した。同会合においては、プチーロフ工場のストライキが計画され、一九〇五年一月に実行に移されたこのデモ行進は、革命を引き起こす触媒のひとつとなった。一九〇五年六月三日には、モスクワ近郊で一万一〇〇〇人の女性繊維労働者がストライキを行なったが、これは当時のロシアにおける史上最大規模のストであった。二八人もの女性が射殺され、ボリシェヴィキ活動家のオリガ・ガンキナは、武器が詰まったスーツケースを持っているところを発見されて、黒百人組［帝政ロシア末期の反動極右団体の総称］によって惨殺された。ガンキナの一件に触発されて、さらに多くの女性たちが街頭での武闘集団に加わった。革命が敗北に終わった後の一九〇七年にも、彼女たち繊維労働者は、堂々とストライキを行なって、洗濯をするための週に半日の休みを勝ち取った。

RSDLPは、革命の間に党員の数が数千人規模で増加した。新たな党員たちは、地下運動を生き抜いてきた者たちよりも、直接的な闘争の経験に長けていた。一九〇五年の数々の出来事をきっかけに政治化された女性たちは、従来女性が担ってきた役割である運び屋や書記としてではなく、看護師、街頭での戦闘要員、扇動者としてボリシェヴィキ党に参加した。一九〇五年革命がボリシェヴィキ党に遺したものは、サンクトペテルブルクの大規模工場内部に形成された熱心な女性活動家たちのネットワークと、女性たちに手を差し伸べ、新たな組織と出版物を活用して彼女たちを社会主義に導くことを固く決意した女性指導者たちだった。革命は、最も後進的で抑圧された労働者たちも、重要な出来事をきっかけに変わり、革命闘争の先頭に立つことができることを明らかにした。

こうした女性労働者たちの行動が示していたのは、革命に向けた心構えをするうえで、労働組合や社会主義組織の中で何年もの時を費やす必要はないということだった。素朴な農村の世界から出て大都市にやってきたばかりの女性たちでさえ、組織の作り方、闘い方、自分たちがどのような変革を求めて闘うことを望むのかを、またたく間に理解した。一九〇五年革命の経験を振り返って、レーニンはこう書いている。「革命は抑圧され、搾取されている者たちの祝祭だ。大衆が新しい社会秩序の創造者として、これほど積極的に名乗りを上げる立場にあるのは、革命の時をおいてほかにはない。このような時には、人民は奇跡を行なうことができる」[29]

第五章　テロ、参政権、社会主義

一九〇五年革命は鎮圧され、何千人もの人々が殺された。一九〇六年一月は「銃殺隊のひと月」▼30と呼ばれた。革命と反革命を経験した人々の反応はさまざまだった。女性たちの中には、失望の矛先を、いまだにロシア革命政治に深く浸透した伝統であるテロリズムへと向ける者もいた。マリア・スピリドーノワが初めて逮捕されたのは、一九〇五年三月の学生デモの最中だった。一九〇五年九月には社会革命（エスエル）党に入党し、本格的な活動家となった。エスエル党員の多くと同じく、スピリドーノワは暗殺とテロは革命の武器であると考えていた。彼女が狙いを定めた相手は、農民の反乱を容赦なく弾圧していた地方議員で地主のG・N・ルジェノフスキーだった。スピリドーノワは自ら志願して、一九〇六年一月一六日にルジェノフスキーを銃撃した。彼は二月一〇日に死亡した。

スピリドーノワは、ルジェノフスキーを護衛していたコサックによってその場で逮捕された。数日後、新聞にはスピリドーノワからの書簡が掲載され、そこには逮捕後に彼女が受けた虐待や拷問の詳細が綴られていた。スピリドーノワは裸にされ、鞭で打たれ、焼かれ、殴られ、性的暴行を受けていた。彼女の経験をきっかけに、自由主義者の間に激しい怒りが広がった。三月一一日、スピリドーノワはルジェノフスキー殺害による裁判で有罪となり、死刑判決を受けた。しかし、その後減刑されてシベリアでの懲役となり、彼女はそこで一一年間におよぶつらい年月を過ごした。一九一七年の二月革命後、政治犯への恩赦によって釈放となった。彼女はエスエル党の左派を率いて十月革命を支持したが、後にはソヴィエト政府と対立するようになった。

このほか、新たな憲政の可能性に目を向けた女性たちもいた。一九〇五年十月には、皇帝《ツァーリ》はドゥーマ（議会）の召集を認めざるを得なくなっていた。議会というよりもその予行演習と呼ぶほうがふさわしい代物ではあったが、そのドゥーマから、女性たちは排除されていた。ドゥーマが設置される前までは、男女は形式上、政治的に平等であった。どちらも民主的な権利を持っていなかったからだ。しかしこのとき、一部の男性のみが参政権を得たことで、欧州で以前より見られた女性参政権を求める運動が、ロシアでも始まることとなった。こうして立ち上がった活発かつ効果的なフェミニスト運動には、女性が新たに見出した政治的アクティビズムと、その目的の達成を阻む障害の両方が表れていた。それ以前のロシアのフェミニスト運動は、慈善行為や女子に教育を受けさせることを目的とした活動が中心であった。今やフェミニストたちは、女性の政治的権利を求めて動いており、彼女たちの運動は、あらゆる階級の女性たちをまとめ上げ、投票権を獲得することを目指していた。たとえば「ロシア女性同盟」は、「貴婦人とそのメイド」を団結させ、ドゥーマ選挙で投票権を獲得するために力を合わせて運動することを明確に求めていた。

一九〇八年十二月、女性運動の活性化と統一を目指して、「全ロシア女性大会」がサンクトペテルブルクで開催された。［コロンタイら］社会民主党は、こうしたフェミニストの集まりへの参加に対しては冷淡な態度を崩さなかった。社会主義者たちの主張は、労働階級の女性にとって共通点があるのは、彼女たちの雇用主である貴婦人たちよりもむしろ、同じ階級の男性たちであるというものだった。彼らは、男女がともに参政権の拡大と民主主義の向上のために戦うことを求めていた。そこでコロンタイは、賃金の引き上げ、出産休暇、女性保護法などを中心とする女性問題について社会主義的な解決策を提案することによって、［会議を主催する］フェミニストたちに対抗しようと考えた。サンクトペテルブルクの社会主義者たちは、最初は難色を示したものの、結局は代議員の派遣を認めた。イネッサ・アルマンドとコロンタイは、どちらもこの会議に出席した。

政治に関心を持つようになった女性労働者を自陣に引き入れようと、フェミニズムと社会主義の間で争いが起きていることに、アレクサンドラ・コロンタイは気づいていた。欧州でのフェミニスト運動が目指したのは、社会階級にかかわらずすべての女性たちが団結し、政治的権利を求めて闘うことだった。その闘いにおける敵は男性だ。しかし現実には、ブルジョア階級のフェミニストは、働く女性が直面している問題をほとんど理解しておらず、これに対処する意志もない場合が多かった。コロンタイが用意した戦術は、会合の場でフェミニストたちを質問攻めにしたうえで、働く女性たちの生活改善に資する要求を提示するというものだった。一九〇八年十二月の全ロシア女性大会前の数週間で、コロンタイは、社会改革に向けた自分たちの主張を誇示するための女性労働者グループを組織した。その女性たちは、グループの一員であることがひと目でわかるよう、安物のワンピースに赤いカーネーションをつけていた。演壇の席に座る裕福な女性たちは、コロンタイ率いる労働者グループが要求を提示すると、非難の声を上げ、足を踏み鳴らした。これに怒ったひとりの女性が叫んだ。「あなた方はわれわれの生活の何を知っているというのだ。そちらが乗った馬車が悠々と通り過ぎていくとき、われわれは泥を被っているというのに」[31]。その言葉は、社会主義者とブルジョアフェミニストとの間にある大きな隔たりを実に的確に表していた。

コロンタイはまた、工場での会合や労働者男性のクラブにおいて、女性たちの要求が認知されるよう働きかけた。一九〇六年春までに、コロンタイとその友人たち数人は、女性労働者のための討論グループを複数立ち上げていた。討論のベースに用いられたのは、クルプスカヤのパンフレット『女性労働者』(一九〇〇年)や、新しく刊行されたパンフレット『その女性の運命』(一九〇五年)など、数少ない女性社会主義者向けの出版物だった。彼女たちは、フレデリック・エンゲルスやアウグスト・ベーベルの著作を引き合いに出しつつ、女性の抑圧は、私物化された家族と資本主義に内在する搾取に根ざしていると主張した。

コロンタイの大胆かつ革新的な戦術は、彼女の政治的知見の深さと相まって、女性労働者を引き入れるうえで効果を発揮した。このとき新たに入党したひとりに、アレクサンドラ・アルトゥヒナがいた。彼女は父親のいない家庭で育ち、一九〇三年には母親が、ストライキに参加したことを理由に職を解雇され、ブラックリストに載せられた。一家は革命活動家のおじがいるサンクトペテルブルクに居を移した。母娘はどちらも職を見つけ、アレクサンドラは繊維労働者組合のリーダーとなり、一九一〇年にボリシェヴィキに参加した。アレクサンドラは後に、党員勧誘の過程において、女性たちが集まるクラブの存在がいかに重要であったかを振り返っている。そうしたクラブにおいて、女性たちは自らの人間としての尊厳に気づかされ、またソフィア・ペロフスカヤやヴェラ・フィグネルのような女性たちの名前を知るようになった。「わたしたちはマルクス、エンゲルス、レーニンの著作を読んだ。女性の奴隷化は、生産手段の私有化の確立と人間による人間の搾取の始まりとともに生じたものであり、また、女性にとっての真の平等と真の自由は、人間による人間の搾取のない社会主義においてのみ得られることを、わたしたちは理解した」[32]

一九〇五年の革命の波が引いていくにつれ、革命家たちは再び亡命を余儀なくされた。一九〇六年九月、コロンタイはフィンランドへ行き、そこでレーニンとクルプスカヤ、そしてかの有名な大衆ストライキ運動の記録［『大衆ストライキ・党および労働組合』のことを指すと思われる］を執筆中のローザ・

図4　ヴェラ・フィグネル

図5　1907年シュトゥットガルト会議の代議員たち。女性はどこにいるだろうか

ルクセンブルクと顔を合わせた。コロンタイは、シュトゥットガルトで開かれる社会主義者の国際会議に出席するためにルクセンブルクに同行してドイツへ赴き、そこでマルクス主義者で女性の権利運動家であるクララ・ツェトキンと知り合った。彼女たち三人の有力女性革命家は、互いに多くの理論的、実践的知見を共有していたことだろう。一九〇七年八月、アレクサンドラはツェトキンとともに、女性問題に特化した初の社会主義者会議であるシュトゥットガルト社会主義女性会議に参加した。第二回社会主義女性会議は、一九一〇年にコペンハーゲンで開催されている。

女性会議における議論では主に、参政権獲得に向けた女性運動の問題などがとりあげられた。欧州の社会主義政党は、「第一次世界大戦以前には、事実上、政界において綱領に女性参政権の要求を明確に盛り込んでいる唯一の存在であった」[33]。ただし、女性参政権支持の動機が、母親や妻としての役割を持つ女性は、政界の悪しき部分を浄化してくれるだろうという思い込みに由来する場合もあった。女性参政権に対する考え方において、社会主義者は、全国民の参政権を支持する傾向があり、フェミニストは、既存の男性参政権と同じように、制限つきの女性参政権を支持する場合が多く、両者の間には隔たりがあった。参政権をめぐる議論はまた、形式上の政治的平等の限界や、職場や家庭における女性の役割についての議論にもつながった。

こうした会合をきっかけとして、社会主義者の女性たちは、一九〇五年に明らかになった新たな政治的現実、すなわち女性労働者の増加について理論の構築を始めた。モスクワやサンクトペテルブルクなどの大規模工業都市では、女性労働者の数が大幅に増加していた。一九〇一～一四年の間に、ロシアの労働力は三七パーセント増加し、その新たな労働力の約六五パーセントは女性だった。繊維など一部の産業では、女性が労働力の五〇パーセント以上を占めていた。にもかかわらず、労働者運動における支配的な考え方において、この新たな現実はまだ認識されていなかった。多くの労働組合員や一部の社会主義者の間ではいまだに、女性労働者はひどく遅れた存在とみなされていた。一九一二年の時点で、労働組合員に占める女性の割合はわずか六パーセントだった。ボリシェヴィキの機関紙『プラウダ』のとある記事は、労働組合に入る女性の少なさの説明として、そこには女性の後進性、男性の賃金を引き下げることにおいて女性たちが果たす役割が反映されていると書いている。女性たちは技術がなかったり、読み書きができなかったりする場合が多く、そのうえ有給の仕事だけでなく、家事労働の需要にも対応することが求められた。同一労働同一賃金という考え方を支持する男性労働者はほとんどいなかった。

ボリシェヴィキの組織は、運動内部では常に女性の平等という考えを推進していた。苦しい地下運動の時代には、そうするほかに選択肢はほとんどなかった。しかし、多くの男性社会主義者は心の中では、女性は女性たちの自由をもたらす革命を待つべきであり、それ以前に何らかの要求を口にすることは、運動を分裂させる危険をはらんでいると感じていた。多くの労働者階級の女性は、自分たちに押しつけられている状況に納得できず、労働組合や社会主義者に支援を求めた。女性労働者たちを押しつぶそうとするプレッシャーが、彼女たちをして組織としてまとまり、労働者階級の組織を通じて自衛策を探す方向へと向かわせた。それは具体的には、男性労働者からの偏見と敵意に立ち向かい、消極的な社会主義者たちに、自分たちの声に耳を傾けさせることを意味していた。

何百人もの女性労働者が『プラウダ』に投書をし、劣悪な労働条件や男性からの連帯の欠如に対して、自分たちが抱いている不満を取り上げるよう求めた。彼女たちの手紙に力を得たアルマンド、クルプスカヤ、サモイロワ、ジノヴィエワら女性ボリシェヴィキたちは、新たな戦略として、特別な雑誌を発行して女性労働者に働きかけるべきだと主張した。彼女たちの尽力で開催された一九一三年の「女性デー」の成功が、その主張を裏づけていた。こうした女性たちは、受動的で無知なババ（農民の女性に対する蔑称）というステレオタイプには当てはまらなかった。一九一四年二月、『プラウダ』は数ページを割いて女性に関する記事を掲載し、これに続いて会合も開かれた。レーニンの姉アンナ・ウリヤノワは、この会合について、「働く女性による初めての大規模な行動であり、女性労働者の運動において非常に大きく決定的な役割を果たした」[34]と評している。働く女性の戦闘的な姿勢がボリシェヴィキの女性たちを後押しし、社会主義者の女性が採用した戦略が女性の戦闘的な姿勢を後押しした。ボリシェヴィキの女性たちは、多くの女性が、搾取された自身の経験から集団的な解決策を求めるようになったことを理解していた。このプロセスはやがて、第一次大戦が巻き起こす混乱によって加速されてゆく。

第六章　一九一四年：戦争の惨禍

第一次世界大戦の勃発は、欧州全土にナショナリズムの波を引き起こした。マルクス主義組織「第二インターナショナル」に所属する強力な社会主義団体は、それ以前は、いかなる手段をもってしても戦争に反対すると昂然と宣言していた。ところが、現実の戦争を前にそうした態度は崩れ去り、自分たちの手のひら返しについて左翼的に聞こえる弁明を口にしつつ、彼らは支配階級による戦争努力を支持するようになっていった。信念を曲げることなく、帝国主義と戦争への反対を貫いていた革命家たちは打ちのめされ、レーニンなどはしばらくの間、寝返りを報じる新聞記事をあえて信じないという態度をとっていたほどだ。こうした社会主義者たちは、最初のうちは孤立し、迫害され、罵られたものの、戦争が長引き、何百万人もの若者が塹壕の中で殺され、本国に深刻な貧困と苦難がもたらされるにつれ、欧州の労働者階級に漂うムードは変わりはじめた。毅然とした態度を保ち続けた社会主義者はこうして、流血に対する反対機運の高まりをリードする立場となった。

各国の中産階級フェミニストや参政権運動家たちは、続々とそれぞれの国の軍隊への支持を表明していった。一九一七年にロシアにいたエメリン・パンクハースト［一八五八〜一九二八年。英の婦人参政権活動家］は、連合軍への支持を声高に訴えていた。一方、「女性社会主義インターナショナル」の主要メンバーは全員が、帝国主義戦争に反対する姿勢を貫き、これは母体である「第二インターナショナル」の男性指導者たちとは明確な対照を成していた。「フランスのルイーズ・ソモノー、ロシアの（正確にはロシアの社会主義者たちを亡命先のチューリッヒから率いていた）イネッサ・アルマンドやナデジダ・クルプスカヤ、アレクサンドラ・コロンタイ、ドイツのクララ・ツェトキン、ルイーゼ・ツァイツらは、最初から全員が戦争に反対していた」[35]

社会主義者の女性たちは、一九一五年三月、ベルン会議［国際社会主義女性会議］を開催した。約七〇名の代議員が集ったこの会議は、戦争への反対勢力の構築に向けた重要な一歩であった。クルプスカヤ率いるボリシェヴィキの代表団は、社会主義政党は愛国的な同志と決別し、自国の支配階級を打倒するために活動すべきだと主張した。この事実が示すように、戦争の開始当初から、帝国主義に対する勇敢な、そして信念に基づいたボリシェヴィキの抵抗は、彼らの理論と実践の中核をなしていた。その後の年月において、何万人もの人々が凄惨な経験から戦争反対へと駆り立てられる中で、これは決定的な重要性をもつようになってゆく。

第一次世界大戦は女性たちの生活に大きな変化をもたらした。ロシア人女性の大半は農村で暮らしており、その生活は耐え難いほど過酷なものだった。帝国民法典第一〇七条にはこうある。「妻は家長たる夫に従い、愛をもってともに生活し、家の主人たる夫に敬意、最大限の尊敬、従順さ、謙虚さをもって接しなければならない」。女性が旅や仕事に出るには夫の許可が必要だった。避妊は存在せず、女性は度重なる妊娠に耐えていた。乳幼児の死亡率は高く、親による子殺しも珍しくなかった。そんな決まりきった人生と人々の姿勢を、容赦なく根底から覆したのが戦争の勃発だった。

男性は徴兵されて前線に送られ、その穴を埋めるために女性が工場や職場で働き始めた。ロシアの諸都市では、すでに大勢の女性たちが職に就いていたが、一九一四年以降、産業労働者の約四〇パーセントが戦地に赴くようになると、その流れは劇的に加速した。一九一四年時点ではわずか三パーセントだった金属産業に従事する女性の割合は、一九一七年には一八パーセントになっていた。一九一四年には、女性は産業労働者の四分の一程度だったが、一九一七年には半分近くを占めていた。女性は、多少の例外を除けば、熟練を要しない作業に回されることが多かった。工場では、法的な保護もないまま、彼女たちは過酷な扱いに耐えていた。妊娠が判明すればその場で解雇されるため、なんとしても職を失いたくない女性たちが、それを隠すことも少なくなかった。ある労働者はこう述べている。「女性労働者たちは、口から泡を吐いて長椅子で出産してしまうまで妊娠を隠していた……。自分の子供を呪う女性労働者も大勢いた」[36]。売春もまた、都市部で暮らす多くの女性たちにとっての生活手段のひとつだった。しかし、そうした辛苦にさらされながらも、大規模産業工場での仕事の性質がいやおうなしに、彼女たちを戦争前から存在していた伝統である組織化の方向へと向かわせていった。

一九世紀には産業化が進み、ロシアの労働者階級が発展した。一九世紀末からはストライキと労働者組織が拡大し、繊維産業での大規模ストには多くの女性労働者が参加した。大衆によるストライキ運動は一九〇五年革命の原動力であり、そこからは経済的な要求だけでなく、政治的な要求も生み出された。ストライキは第一次大戦に先駆けて起こり、一九一二年にはストライキ運動に参加する労働者は一〇〇万人にのぼっていた。そうした戦闘性は、戦争の勃発によって、いっときは下火になった。そして一九一七年初頭、戦争前に男性産業労働者の間に存在していた職場における戦闘性の伝統が、女性たちによってよみがえりつつあった。戦前に何十年もかけて築き上げられた戦闘の伝統を女性たちが再発見するまでには、わずか数カ月しかかからなかった。

戦争はなかなか終わらず、今ではペトログラードという名称に改められたサンクトペテルブルクでは、燃料や基本的な食料品の不足が深刻化していった。農民の大規模な徴兵が食料生産量の減少につながっていたのは確かだが、不当な利益を貪る商人たちにより、事態はさらに悪化した。当時、一日八時間労働はまだ夢のまた夢という状態であり、働く女性たちはシフトが終わった後で、パンを求めて行列に並ばなければならなかった。ペトログラードのイギリス領事の娘エラ・ウッドハウスは、牛乳とパンの行列に並ぶことだけを仕事とするメイドを雇っていた。[37] 女性たちが横に四人ずつ並んだ列は、ひどいときには長さが一・五キロ以上にもなった。夜明け前の凍るような寒さの中で並び始めても、今日はもうパンはないと言われることもあった。一方で、ペトログラードの富裕層は、キャビア、フォアグラのパテ、鹿肉、キジ肉、シャンパンが並ぶディナーを楽しんでいた。[38] 相場師が食料を溜め込んでいる、政府に腐敗が蔓延しているといった噂もあった。女性たちは工場の壁に、チョークで「男たちを家に帰せ」「パンをよこせ」といったスローガンを書くようになった。彼女たちは労働者として、また兵士の妻として、組織化を始めた。

一九一七年の最初の数週間、拡大する危機に対して帝国議会《ドゥーマ》がとった対策といえば、ケーキ、ロールパン、パイ、ビスケットを焼くことを禁じ、また労働者が使う食堂への小麦粉の供給を制限することだった。労働者たちは、この措置を激しい怒りをもって受け止めた。高まる市民の怒りについて、これは政治的な性質のものではなく経済的なものだと評する声もあったが、戦争と苦難が長引くにつれ、それらふたつは徐々に混ざりあい、その差異は消え失せていった。職場や兵舎、街角や市場で、社会主義者たちは、飢えは戦争に、そして独裁政権そのものに関連しているという考えを広めていった。数週間がたつうちに、人々が要求するものはケーキとロールパンだけではなくなっていた。イギリス大使ジョージ・ブキャナンが抱いた印象は、来るべき嵐は「工場の労働者ではなく、寒さと雪の中、配給店舗の外で待っている群衆」[39]から始まるだろうというものだった。

ボリシェヴィキ党の一部派閥には、女性労働者について、彼女たちは運動の足を引っ張る存在でも、どうしようもないほど保守的でもないという認識が広まり始めた。果てしなく長い配給の列で凍えている兵士の妻や女性労働者の声に、彼らは耳を傾けるようになった。戦争に反対するための組織化において、ボリシェヴィキ党員は、そうした女性たちの組織を作った。党員の間では、女性を社会主義に引き入れることを目的とした別組織を設けるべきかどうかについて、激しい議論が交わされた。女性を対象として、定期刊行物『ラボートニツァ(女性労働者)』が創刊された。これはボリシェヴィキの機関紙『プラウダ』から派生したものであり、女性向けの特集号が発行された際、女性たちから悲痛な思いや要求を訴える手紙が殺到したことがきっかけだった。

『ラボートニツァ』は当初、検閲に合格していた。ところが発行の前日になって、編集委員の会議に警察が踏み込み、遅刻してきたアンナ・ウリヤノワを除く全員が逮捕された。アンナはそれでもあきらめることなく、創刊号をひとりで仕上げた。同誌は一万二〇〇〇部を売り切ったものの、七号まで発行した後、六月には完全に廃刊とされた。長続きこそしなかったが、『ラボートニツァ』の影響力は大きかった。一九一四年に『ラボートニツァ』を通じて得られた女性工場労働者同士のつながりは、一九一七年にボリシェヴィキにとって有利に働くことになる。揺るぎない信念に基づくこうした戦争への抵抗は、二月革命後にとりわけ重要性を増した。当時は「防衛主義」、つまり革命によって得られた利益を守るためにロシアの戦争努力を支援するという考え方が、社会主義運動の中で強力な潮流に発展していた。コロンタイやレーニンとその支持者たちは、戦争継続のあらゆる正当化に反対した。ボリシェヴィキの戦闘的かつ一貫した戦争反対の姿勢が、社会主義運動に女性労働者を獲得するうえで不可欠であることは明らかだった。

第七章　「われらボリシェヴィキは翼を持ったように感じた▼40」

著名な社会主義者ニコライ・スハーノフは、一九一七年二月、ペトログラードにいた。彼はふたりの女性タイピストが、雪の中でパンを求めて並んでいる女性たちの怒りについて話をしているのを耳にした。ふたりは、今まさに革命が始まろうとしているに違いないと言い合っていた。スハーノフはこの女性たちを「教養のない俗物の小娘」と決めつけた。「革命だと――とうていあり得ない！　革命など、それがただの夢であることはだれにでもわかる！▼41」しかし実際には、「小娘」は正しく、経験豊富な革命家は間違っていた。国際女性デーの日、食料の列に並ぶ女性たちの怒りが、工場で働く女性たちが抱える憤りとひとつになり、猛烈な勢いでサンクトペテルブルクの街頭へと吹き出した。彼女たちは二月革命の火をつけ、巨大な社会運動を解き放った。数週間のうちに、皇帝《ツァーリ》は退位を余儀なくされ、選挙の準備が整うまでは臨時政府による統治が行なわれることとなった。その間、何万人もの労働者と兵士たちは、独自の民主的な評議会「ソヴィエト」を通じて自ら社会を運営する運動を作り上げた。

二月革命は、指導者のいない自然発生的な革命だと評されることが多い。家族を食べさせることしか頭にない女性たちによって、偶然始められたものだというのだ。彼女たちはとにかく感情的で規律に欠けており、経験豊富な社会主義者たちによる忍耐と用心を促す言葉にも耳を貸さなかったと言われる。この理屈においては、女性たちの勇気そのものが、政治的理解の欠如の証拠とされる。トロツキーが言っている通り、革命に否定的な者たちは当時、これが単なる「女たちの暴動であり、後になってからそこに兵士による蜂起が重なって」[42]、それを革命と称しているにすぎないことを証明しようとやっきになっていた。歴史家たちは口々に、大衆は自分たちで動いた、指導者はおらず、前兆となる要素があっただけだと言い募った。秘密警察は、二月革命が指導者によって上から指示されたものではないと指摘したが、同時に「全般にプロパガンダの影響を受けているプロレタリアートの状況」[43]にも言及している。

そうしたプロパガンダは、何もないところからふいに現れたわけではない。それは文章として書かれ、出版され、配布されていた。トロツキーは、労働者階級の中にいる無名の、だれに認められているわけでもない指導者たちは、革命プロパガンダの断片を自ら栄養として取り込み、自由主義的な報道を詳細に分析していたと述べている。「あらゆる工場、一つひとつの組合、一つひとつの集団、一つひとつの酒場、軍病院、中継駅、さらには過疎の村においてさえ、革命思想という分子活動が進行していた▼44」。政治化された労働者が二月革命を先導し、女性たちは職場においても、ボリシェヴィキ党においても最前線に立っていた。女性ボリシェヴィキの役割に焦点を当てることで、革命家たちがいかに二月革命に火をつけ、その革命を十月の勝利まで維持するのに貢献したかが見えてくる。女性たちはそもそもの初めから革命プロセスの一部であり、皇帝《ツァーリ》を打倒した後も背景に退くことはなかった。

一九一七年二月、ペトログラードの戦闘的な地区ヴィボルグの女性労働者たちは、国際女性デーにあたって街頭抗議とストライキを行なうことを計画していた。指導者たちの大半がいまだに亡命状態にあったボリシェヴィキ党は、彼女たちに慎重な行動を求めた。党が望んでいたのは、今は女性たちにおとなしくしておいてもらい、メーデーのゼネストに向けて「大衆を扇動して沸点までもっていく」ことだった。国際女性デーは、それ以前にはまだ二回開催されただけであり「一九一三年、一九一四年に開催された後、一九一五年以降は戦争などのために開催なし」、ロシアでは比較的小規模な行事だった。ヴィボルグ地区には、多くの機械工場や繊維工場、そして力強い革命の伝統があった。国際女性デーの前夜、熟練の金属労働者で、経験豊富なボリシェヴィキのカユーロフが、女性たちに話をするために派遣された。「わたしは何よりもまず、女性たちに実りのない行ないを慎み、党委員会の指示に従って行動するよう働きかけた」。カユーロフはそう述べている。女性たちは彼に、もう我慢の限界だと告げた。夫たちは戦地で死んでいき、子供たちは飢えているのだと。翌日、カユーロフは女性たちが自分の助言を無視してストライキに出たことを知り、「驚き」と「憤り」を覚えた。[45] 女性たちは工具を下に置き、抗議運動は「ババがやることではない」と言った男たちに立ち向かった。初日には約九〇万人もの労働者が、女性たちのストライキに加わった。

これが二月革命についての従来の見方だ。つまり、戦闘的だが政治には関心のない女性たちが事を荒立て、消極的なボリシェヴィキ党に無理やり自分たちのストライキを支持するよう仕向けたというのだ。カユーロフと女性たちの間の議論は、彼女たちが本能的に、かつ政治的戦略もなしに行動に出た証拠とされている。「未来の歴史家がロシア革命を始めた集団を探そうとするときには、込み入った理屈をでっちあげさせてはならない。ロシア革命を始めたのは飢えた女性と子供たちであり、彼女たちの要求は『パンとニシン』だった」。ピティリム・ソローキン［一八八九〜一九六八年。ロシア出身の社会学者］は当時の日記にそう書いている。[46]

事実、食料はそれ自体が政治と深いかかわりのある課題だった。ボリシェヴィキは長い間、食料不足と物価高に対する怒りを社会主義的な方向に向かわせようと運動を続けていた。一九一五年、ボリシェヴィキはパンフレット『戦争と高い生活費』を発行し、飢餓と戦争と皇帝主義《ツァーリズム》を結びつけて論じた。「彼らはわれわれの息子、兄弟、夫を戦争に駆り出し、われわれからパンを奪った」[47]とパンフレットは訴えている。ペトログラード地方裁判所のある役人は、二月二三日に街頭に出た労働者たちは、このボリシェヴィキのパンフレットからとったスローガンを中心に組織されていたと証言している。パンフレットの最後は、反乱の赤い旗を持ってデモを行なおうとの呼びかけで締めくくられていた――これはまさしく、彼らが一九一七年二月にとった行動そのものだ。ロシアのボリシェヴィキ組織は、均質で中央集権的な集まりではなかった。ロシア国内にいる一部の指導者が慎重論を唱える一方で、党の活動家たちは反乱をたきつけていた。女性たちはボリシェヴィキの議論に耳を傾け、それに基づいた行動を起こす準備を整えていた。一方で党の指導者たちは、適切な時期はまだ来ていないと考えていた。

ヴィボルグ地区の反戦アジテーションでは、女性たちが存在感を示していた。同地域の女性ボリシェヴィキのネットワークはかねてより女性集会を組織して、物価高やインフレなどの経済問題と、戦争への政治的反対とを関連づけて論じていた。ボリシェヴィキ党のサンクトペテルブルク委員会は、女性工場労働者の組織化およびプロパガンダを担当する女性サークルを設立した。このサークルの主要メンバーは、ボリシェヴィキ地区連合委員会の女性たちと協力して、国際女性デーのイベントを行なうことを決めた。彼女たちが計画したのは、反戦デモを共同で実施し、生活費の高騰と戦争との関連を改めて強調することだった。彼女たちは女性弁士をいくつもの労働者の集会に派遣し、ボリシェヴィキ党がこの日、印刷機の故障でビラを出せなかったのに対し、地区連合委員会の女性たちは次のようなアピールを発行した。

親愛なる女性同志よ、われわれは現状を黙って耐えていくのか。胸の内にくすぶる怒りを、ときおり小さな商店の主を相手に吐き出してそれで済ませるのか。しょせん、人々が苦しんでいるのは彼らのせいではないし、彼ら自身も苦汁を飲まされている。政府にこそ責任はある！　政府が戦争を始め、それを終わらせられずにいる。政府が国を荒廃させ、われわれを飢えさせている。資本家にこそ責任はある！　戦争が彼らに利益をもたらしている。今こそ、彼らに向かって叫ぶときだ。「もうたくさんだ」と！　罪深き政府と、彼らが率いる略奪者と殺人者の集団を叩き潰せ！　平和万歳！[48]

ある警察官は、アイヴァス工場での出来事について語っている。三〇〇〇人以上の女性労働者が、昼休みから戻ってきた後で、女性デーを祝う集会に参加した。「労働者たちはその日は仕事をしないと決め、パンの危機について話し始めた。女性たちは男性もストライキに参加するよう誘い、彼らは一緒に『平和的に解散』した[49]」。平和的な解散とはつまり、労働者たちが工場を出て行ったという意味だが、彼らは帰宅したわけではなかった。いくつもの職場で、女性たちは次々にストライキを起こし、男性たちに参加を促し、即席のデモや集会を行なって、警察と衝突した。ボリシェヴィキ中央委員会は、「組織化された女性たちの断固たる態度」が、蜂起のきっかけになったと指摘している[50]。

ネヴァ製糸工場の女性労働者たちは、奇妙な騒音を耳にした。その音は徐々に大きく、はっきりとしたものになっていった。それは外から聞こえてくる叫び声だった。「通りへ出よ！　仕事をやめよ！　もうたくさんだ！　すると、工場の一階全体の窓がまたたく間に開いた。より正確に言えば、棒や石や木材で叩き割られたのだった。製糸工の女性たちが、バタバタと走って廊下に押し寄せた……。すべての扉が開け放たれた。そして製糸工たちの群れは、自由の中へと突き進んでいった」[51]。女性たちは次に金属工場へと向かった。ルードヴィ・ノーベル機械工場で働いていたあるボリシェヴィキは、こう回想している。

二月二三日の朝、路地に女性たちの声が響いた。『戦争反対！　生活費の高騰反対！　労働者にパンを！』わたしとほか数人の同志たちは、すぐに窓に駆け寄った……。ボショイ第一工場の門は大きく開かれていた。大勢の戦闘的女性労働者が路地を埋め尽くしていた。こちらに目を止めた人たちが、腕を振って、『出てこい、仕事をやめろ！』と叫びはじめた。いくつもの雪玉が窓を激しく打った。われわれはデモに合流することを決めた。[52]

女性たちは男性たちと腕を組み合わせ、喊声を挙げながら、次の工場へ向かった。プチーロフ製鉄工場の約三万人の労働者は、すでに何日も前から［前日の「二二日」から始まったとする文献もある（ミエヴィル『オクトーバー』）］ロックアウトされていた。その彼らに今、ストライキ中の労働者が加わり、大勢が街頭で何時間も議論したり、行進したりしていた。
ペトログラードの富裕層は、ヴィボルグ地区などの労働者が市内の自分たちの居住区に侵入するのを防ぐための独自の防御策を講じていた。跳ね上げ式の橋、川の封鎖、武装を整えた軍隊などだ。午後の間ずっと、労働者たちは集まったり、解散したり、また集まったりを繰り返していた。彼らの目的は、街の中心であるネフスキー大通りに到達することだった。路面電車は兵士たちによる見回りが行なわれ、労働者の服を着ている者はだれであれ外に放り出された。しかし翌日、コサックの規律は崩れ始めた。女性のデモ参加者に対して騎馬兵が派遣されると、彼女たちは相手を取り囲んで議論を始めた。プロメト工場で働くボリシェヴィキの女性アレクサンドラ・クルグロワは、こんな体験をしている。

コサックの分遣隊が、あっという間に迫ってきた。しかし、われわれはひるむことなく、石になったように硬い壁を作って立っていた。コサックの将校が叫んだ。「だれに従っているつもりだ。おまえらの先頭にいるのは老いぼれババアだぞ!」わたしは言った。「老いぼれではない。わたしは戦場にいる兵士たちの姉であり妻だ」。次に起こったことは、まったくの予想外だった。ノヴォチェルカッスク連隊の兵士たちがライフルを下ろしたのだ……。後ろの方からだれかが叫んだ。「コサックよ、あなたがたはわれらの兄弟だ。われわれを撃ってはいけない」。するとコサックは馬を方向転換させた。[53]

サンクトペテルブルクの主要な橋を守るコサックたちは、サーベルを下ろした。凍った川岸には労働者が群がり、ペトログラードの緑豊かな広場は赤旗を振る労働者に占拠された。演説の合間に、群衆は、皇帝《ツァーリ》政府から反逆的とみなされた「ラ・マルセイエーズ」を歌った。

ヴィボルグ地区ボリシェヴィキ党の書記ジェーニャ・エゴロワもまた、女性たちを率いて、兵士たちを将校から引き離そうと尽力した。ボリシェヴィキ党員のニーナ・アガジャーノワとマリア・ヴィドリナは、大規模集会、ストライキ、デモを主宰し、また群衆の武装に使うための武器の隠し場所の探索を先導した。自分たちで組織としてまとまったり、政治意識を持ったりする能力がないと考えられていた女性たちが、サンクトペテルブルクの産業やサービスを停止させ、街の駐屯兵を反乱へと向かわせた。

何世紀にもわたって維持されてきた信念は、わずか数日で吹き飛ばされた。朝起きたときには皇帝一家の健康を祈っていた人々が、一日の終わりには「皇帝《ツァーリ》を倒せ！」と叫んでいた。欧州で最も専制的な階級社会において、前例のない地位と身分の逆転が起こった。あるアメリカ人ジャーナリストはこう回想している。「首都が自由に熱狂しているのがわかった。人々は突然の解放の光の中でまだ目をしばたたいていた[54]」。戦前には、サンクトペテルブルクの路面電車網において女性たちに許されていた仕事は清掃だけだった。アレクサンドラ・ロディオノワという名の若い労働者階級の女性は、最初に路面電車を運転した女性たちのひとりだった。一九一六年、彼女は初めてストライキに参加し、ボリシェヴィキ党に加わった。一九一七年の国際女性デーの日、ロディオノワは、武装した兵士たちが路面電車の発着所を守っているのを目撃したが、その日の終わりには、兵士たちもストライキをする側にまわっていた。女性たちは路面電車をひっくり返してバリケードとして使い、鎮圧のために送り込まれる軍の行く手を阻んだ。多くの人々がそうだったように、二月革命の後、ロディオノワは強烈な幸福感を経験した。彼女はこう言っている。「まるで、自分が硬い地面から離れて、ふわふわと舞い上がったように感じた。そして突然、一瞬にして、見たことのない未来が現実となった」▼55。主要なボリシェヴィキが潜伏を余儀なくされた七月の弾圧の後、ロディオノワはライフル銃四二丁を、自分が担当していた停車場に隠しておいた。十月、彼女は自分の停車場から二台の路面電車を送り出し、冬宮殿の襲撃に使われる武器を輸送した。十月革命の間、彼女は絶えず路面電車を走らせ続けることで、革命家たちの政権奪取に貢献した。

女性が革命における自分たちの居場所を主張するには、何世紀にもわたる抑圧を打ち破らなければならなかった。鞭で武装したコサックや、男性労働者に深く染みついた性差別や偏見、そして自分たち自身の自信と経験のなさに立ち向かわなければならなかった。一部の女性たちがこれを成し遂げたという事実が証明しているのは、女性の解放を勝ち取るうえで、労働者階級は、自ら解放を成し遂げる力を持ち得るということだ。しかし、一九一七年二月に皇帝主義《ツァーリズム》を打倒した女性・男性たちには、そのよりどころとして、自分たちの飢えを戦争や専制的な政治制度全体に結びつける政治思想が存在した。ボリシェヴィキ党は、社会主義政治のために議論し、闘い、扇動した。そして、ボリシェヴィキこそが、「指導者なき」反乱のために、最も刺激的かつ勇気ある指導者たちを生み出したのだった。

一九一七年四月二一日、繊維工場の女性労働者たちが、臨時革命に対しパンと戦争の終結を求めるデモを行なった。参加者たちには、通りの向こう側にいる政府支持者たちから、「靴下も買えない貧乏人！　無学のくず！　下等な尻軽女！」といった嘲笑の言葉が浴びせられた。ある参加者はこう言い返した。「あんたたちがかぶってる帽子は、わたしたちが作ったもんだよ！」小競り合いが勃発し、帽子のピンで相手を刺そうとする者もいた。[57]このささやかな事件に如実に表れているのは、働く女性たちが要求しているもの、つまりはパンと平和を、臨時政府が提供できていなかったという事実だ。夏が過ぎてゆくうちに、人々の支持は臨時政府から評議会《ソヴィエト》へと、そして穏健な社会主義者から革命家へと移っていった。

ペトログラードとモスクワの大衆は、自分たちが新たに手にした、集会を開き、討論をし、組織を作る自由に酔いしれていた。しかし、女性は権利を簡単に手にすることはできないと言ったコロンタイの言葉は正しかった。臨時政府は、女性に選挙権を与えることに消極的だった。農村を中心に、多くの男性たちが女性参政権に異を唱えた。彼らは選挙権によって女性たちが自信を身につけ、家畜のように扱われている現状に抵抗することを恐れたのだ。議会《ドゥーマ》に提出されたある報告書には、農民の男性によるこんな言葉が記されている。「あなた方がわれわれの女たちを焚きつけたら、女は轅《ながえ》につながろうとしなくなる」▼58。左派の男性の中には、女性はあまりに反動的かつ保守的であるため、選挙権を与えるべきではないと主張する者もいた。

アレクサンドラ・コロンタイは、三月に亡命先からロシアへ帰国すると、すぐさま普通選挙権の獲得運動に身を投じた。「しかし、それはわれら女性ではなかったか。飢えに、ロシアの生活の混乱に、貧困に、戦争によって生まれた苦しみに不満を表明し、民衆の怒りを呼び起こしたのは。そして、われら女性こそが真っ先に街頭に出て、自由のために同胞とともに闘い、必要とあらば命さえ差し出したのではなかったか」▼59。総勢四万人による抗議デモの後、一九一七年七月に、政府はようやく女性の普通選挙権を認めた。イギリスでは、その翌年に三〇歳以上の女性に選挙権が認められた。イギリスの女性たちが普通選挙権を得たのは、一九二八年になってからのことだ［二一歳以上の全女性に選挙権が認められ、男性と同じ条件となった］。

二月革命の後には、改革をただ座して待つのではなく、自分たちの手で問題を解決しようと考える女性が増えていった。ペトログラードの大規模工場の労働者こそが革命の原動力であったというのが、長年にわたり定説とされてきた。しかし、この運動がここまで力を持つことができたのは、それ以前は組織化されていなかった労働者までもが闘争に引き込まれ、尊敬と労働環境改善の両方を要求する自信を得られたためであった。

ペトログラードに住んでいたあるイギリス人はこんな経験をしている。彼が雇っていたメイドふたりは、「ネフスキー大通り沿いの街角に立って、平等と正義を説く演説家たちの話に何時間も耳を傾けていることがあった。あるとき演説を聞いて戻ってきたふたりは、雇い主とその妻に向かって、これからは毎晩映画館に行きます、そして一日に八時間以上は働きませんと告げた」[60]。一部のメイドや使用人は、集団で自分たちの権利を主張し、ストライキを行なった。ボリシェヴィキ党の機関紙『プラウダ』は、そうした集会が街頭にまであふれ出た様子を伝えている。「同志たるメイドたちよ！」と、ある女性は書いている。「われわれにはもっと広い集会所が必要だ！」ウェイトレスは組合を結成し、『プラウダ』を介して「ペトログラードのティールームで働くすべての女性同志たち」[61]に支持を呼びかけた。

ボリシェヴィキの女性たちの中には、こうしたストライキに大きな可能性を見出して、女性からの支持を得るための新たな方法を開拓しようとする者たちもいた。これに対しては、ボリシェヴィキ党内からの反対もあった。男女を問わず主要な社会主義者の多くは、女性による組織を男性とは別に設けてしまえば、フェミニストという脅威によって、労働者の団結が損なわれると考えていた。コロンタイは、新たに勝ち取った選挙権を核として女性たちを組織するために、女性局の創設を目指した［コロンタイが一九一九年に設立するのは「女性部」＝Zhenotdel。この「女性局」（Women's Bureau）は実現しなかったものであり、定訳が見つからなかったため直訳とした］。彼女の提案はしかし、一九一七年四月のペトログラード党大会で却下された。クルプスカヤによると、コロンタイは帽子や婦人服を仕立てる仕事に従事する移民女性たちの会合を組織しようとしたが、男性同志たちの反対によって阻まれたという。男性たちは会合にやってきては、女性だけの集会などいらないと強い口調で言い募った。[62] また、女性労働者たちも、全員が革命を歓迎したわけではなかった。最もひどく抑圧されていた女性たちが最も保守的になる場合もあると知ったとき、コロンタイはレーニンの助言を仰いだ。「最もひどく虐げられた者たちが最も反動的だからといって、心配することはない」とレーニンは言った。「彼女たちは、自身の生活がだれよりも困難なものとなるのだから、ボリシェヴィキが何を望んでいるかを真っ先に理解するだろう」[63]。ますます戦闘的になる女性たちからの圧にさらされた党は、働く女性や兵士の妻たちを組織化するために相応の努力を払うという考えに、徐々に賛同するようになっていった。この戦略により、ボリシェヴィキ党は極めて重要な支持を勝ち取ることになる。

一九一七年五月一日、約四〇〇〇人の洗濯婦によるストライキがペトログラードで始まった。洗濯婦たちはとりわけひどく蔑視され、虐げられた存在であった。一日に一四時間もの重労働をこなしながら、給金はわずかであり、リウマチなどの健康問題を抱えていた。一日八時間労働を要求する彼女たちは、臨時政府からの職場復帰の指示に従うことを拒み、代わりに市内各所の洗濯場を訪ねて、湯を沸かす火を消してまわった。そうしたストライキのひとつを指揮していたのが、ボリシェヴィキのアンナ・サハロワだった。サハロワはアレクサンドラ・コロンタイを招いてスト参加者に向けた演説をしてもらい、またコロンタイは、洗濯婦のストライキの政治的意義をボリシェヴィキに認識させるために、『プラウダ』に一連の記事を掲載した。

コロンタイは毎日洗濯婦たちと一緒に過ごし、要望には労働時間短縮だけでなく、ボリシェヴィキの戦争反対のスローガンも加えるよう、彼女たちを説得した。『プラウダ』には、定期的な最新情報、財政支援の呼びかけ、スト破りをした者たちの名前のリストが掲載された。ボリシェヴィキ党員のエカテリーナ・シャラギノワとヤドヴィガ・ネトゥプスカヤは、近隣で洗濯婦の組合を組織し、コロンタイは市全体の組合を作った。洗濯婦が一カ月にわたってストを続行したところで、雇用主たちはようやく譲歩した。コロンタイは『プラウダ』に「炎の前線にて」と題した記事を書き、女性たちはもはや「後進的で無知な人々」[64]とは呼べないと主張した。もとは組織化されていなかった非熟練労働者たちが、まとまった行動を起こして雇い主を打ち負かすことができることを、洗濯婦たちは身をもって証明してみせた。洗濯婦たちの戦闘性は、臨時政府に対する労働者の不満の高まりと、女性労働者の政治的成長の両方を明らかにした。

一九一七年に起きた出来事において欠かせない役割を果たしたもうひとつの女性グループが、兵士の妻たちだ。戦争への憎しみが人々の間に蔓延していたことは、革命にとって重要な要素であった。一九一七年の時点で、一五〇〇万人のロシア人が兵役に就き、一八〇万人が死亡し、四〇〇万人が負傷し、三〇〇万人が捕虜となっていた。臨時政府は戦争を終らせることができず、それどころか革命の名のもとに六月攻勢［「七月攻勢」とも］を仕掛けた。結果は悲惨なものだった。ボリシェヴィキは、戦争の即時終結を求める唯一の政党として存在感を増した。

兵士の妻たちについては、一九一七年の主要な記録においてほとんど言及されていない。彼女たちは同時代の人々から、当局に助けを求めることしかできない「目の見えないモグラ」と蔑まれていた。この「貧しい無学の女性たち」のことを憐れみをもって伝える民主的な報道機関は、彼女たちは政治的な考えを持たず、本能のみによって行動しているとほのめかし、ときにはあからさまにそう主張した。彼女たちは非政治化された、慈善と同情の対象として描写された。男性の政治家やジャーナリストは、兵士の妻たちが独立した政治勢力であることを認めようとしなかった。[65] 彼女たちが革命への願望を表明したときでさえ、それは当人たちの「暗愚な意識」[66] のさらなる証拠であるとみなされた。

兵士の妻たちは、非常に多様な女性からなる集団ではあったが、安い手当、食費や燃料代の高騰、高額な税金といった共通の不満によって結ばれていた。兵士の妻たちは各地で組合を結成した。ソヴィエトがそうした組合を立ち上げて、代議員を送るよう本人たちに呼びかけた例もあったが、それ

図6　二月革命後、ネフスキー大通りのデモ

以外は女性たち自身が結成したものだった。女性がリーダーとなった組合もあった。兵士の妻たちは、集団としてまとまった行動を起こす方法を学び、幾度にもわたって自分たちの要求を勝ち取った。その過程において、彼女たちは従来の従属的な価値観を捨て、ますます戦闘的な考えを持つようになっていった。一九一七年の夏には、かなりの人数が穏健な社会主義者を支持するのをやめて、ボリシェヴィキの思想を受け入れるようになった。そこには、労働者階級の幅広い層に起こっていた政治的な趨勢が反映されていた。▼67

男性が大量に徴兵されたせいで、一九一七年には、約三六〇〇万人の国民が国からの支援を求めるという事態になっていた。一九一二年以降は、兵士の妻は政府からの手当を請求することができたが、正教会によって結婚しているとみなされていない女性たちは除外されていた。臨時政府はこの差別を撤廃し、兵士の内縁の妻や継子にも手当を支給するようにしたものの、金額の引き上げは実現されなかった。臨時政府の失態に対して女性たちが反応するとき、そこには彼女たちからの支持をめぐるイデオロギー的な争いが起こり、今回もまた、フェミニストとアレクサンドラ・コロンタイの対立となった。フェミニストたちは抗議行動を組織し、兵士の妻たちに働きかけて戦争支持のプラカードを持たせた。これに対し、コロンタイは独自のデモを主導した。四月一一日、約一万五〇〇〇人の兵士の妻たちが、手当の増額と戦争終結を求めてペトログラード・ソヴィエトに向けて行進した［Porter「Alexandra Kollontai」では、この行進の日付は四月二四日］。

二月革命以降、十月にかけて、臨時政府とソヴィエトは、支配権をめぐって競い合っていた。この間、臨時政府は徐々に力を失い、その分、議会よりも職場民主主義に軸足を置くソヴィエトが優勢になっていった。こうした事情から、正式な立法府は臨時政府であったにもかかわらず、女性たちがソヴィエトに向けて行進をしたことには重要な意味があった。彼女たちは、社会における権力がどこに宿りつつあるのかを感じ取っていたのだ。ソヴィエトの議長であったダンという名のメンシェヴィキが外に出てきて、女性たちにこう告げた。「金をよこせではなく、戦争の終結を求めたらどうだ」。「これはおかしなことを言う。メンシェヴィキからそんな言葉が出るとは！」。コロンタイはそう言い返した。[68] 女性たちに向けた演説をすることを拒まれたコロンタイは、即席の会合を開いた。彼女は女性たちに、ソヴィエトに代議員を送ることのできる組織を作るよう呼びかけた。この会合をきっかけに生まれた全市的な組織が、六月に「兵士の妻たちの組合」として設立された。組合員の大半はボリシェヴィキであった。

兵士の妻たちはまた、首都以外でも影響力を発揮した。カザンで一九一七年五月に開かれた兵士の妻たちの会合では、［演説者のひとりから］、地元のソヴィエトに不満を訴えるべきだとの助言がなされた。会合の参加者全員が、会議が開かれているソヴィエトに向かって行進した。ソヴィエトは女性たちをなだめるために代理人を送り、ソヴィエトに参加する代議員を選ぶようにと伝えた。女性たちはこれに同意したものの解散はせず、そのまま横断幕やプラカードを持って市内を練り歩いた。ソヴィエトは仕方なく、翌週に公開の会合を開いた。会合は四時間にわたって続けられ、午前一時にようやく終了した。女性たちは安価な薪を入手する権利を獲得し、また市内のカフェで補助金で食事ができるようになった。[69] ヘルソン地方では、穀物を要求する兵士の妻たちが裕福な人々の家に押し入り、自分たちが公平な取り分と考えるものを奪っていった。「国の小麦粉を扱う商人は、品物を割引価格で提供しようとしなかったことから兵士の妻たちから袋叩きにあい、現場に救出に向かおうとしたプリスタフ、つまり地元の警察署長は、間一髪で同じ目に遭うのを免れた」[70]

戦闘的な行動と組織によって、多くの兵士の妻たちが社会主義政治へと導かれ、彼女たちは地方レベルの革命運動において重要な役割を果たした。[71] ある警察の報告書によると、タンボフで開かれた兵士の妻の会合では、女性たちの大半がボリシェヴィキを支持していたという。その理由は、ボリシェヴィキが長年にわたって戦争に反対し、即時の戦争終結を要求してきたからだ。サンクトペテルブルクの戦闘的なヴィボルグ地区で兵士の妻たちを救済する委員会を率いていたある自由主義者の女性は、クルプスカヤにこう言っている。女性たちは「わたしたちを信用しない。こちらが何をやっても気に入らない。彼女たちが信じているのはボリシェヴィキだけだ」[72]。有力なボリシェヴィキの女性たちは、兵士の妻たちに可能性を見出していた。社会主義の主張を軍隊の中枢に届けるうえで、兵士の妻や姉妹、母親以上の適任者がいるだろうか。クルプスカヤはこう述べている。「兵士たちに対してボリシェヴィキのアジテーションを最初に行なったのは、ヒマワリの種やりんご酒の売り手であり、その多くは兵士の妻たちだった[73]」

ボリシェヴィキの女性たちが望んだのは、女性の中に生まれた新たな急進主義を明確な形で表現し、女性たちを社会主義政治に取り込むことだった。その目的にうってつけだったのが、一九一四年に創刊された後、検閲によって発行できなくなっていた雑誌だ。彼女たちはボリシェヴィキの女性のための雑誌『ラボートニツァ』を再開することを決め、一九一七年五月一〇日にその第一号を発行した。ヴェラ・スルツカヤという名のボリシェヴィキは、一九一七年三月に［追放先のコーカサスから］ペトログラードに戻っていた。彼女は、自身が出会った働く女性たちが持つ可能性に気づき、ペトログラード委員会を説得して、女性のみを対象としたパンフレットの発行を認めさせていた。こうした経緯から、二月革命後に亡命していた女性指導者たちがロシアに戻ってきたときには、『ラボートニツァ』を再創刊する体制はすでに整っていた。

『ラボートニツァ』の創刊号は、またたく間に四万部が完売した。『ラボートニツァ』の集会は、何千人もの女性労働者たちで埋め尽くされた。この雑誌は、党における女性たちの活動の中核となった。『ラボートニツァ』は何万人もの女性のもとに届いた。「社会民主党は、女性の平等を要求し、そのために闘う唯一の政党である」と、ある論説には記されている[74]。同誌は、男性の労働組合のリーダーたちを攻撃し、彼らが女性を差別していると訴えた。ある女性工場労働者からの手紙には、工場では農村での古い考え方がいまだに見られるとある。男性労働者について、彼女はこう書いている。彼らは

図7　雑誌『ラボートニツァ（女性労働者）』

「言葉では平等には大賛成だと言うものの、いざ行動に移すときが来ると、ニワトリは鳥ではないし、ババは人間ではないと考えていることがわかる」[75]。『ラボートニツァ』は女性の要求を代弁しつつ、働く男性と女性の団結を訴えた。コンコルディア・サモイロワは書いている。「もし女性に足場を登ったり、バリケードで戦ったりする能力があるなら、彼女は労働者の家庭でも、労働者の組織においても、対等でいる能力があるはずだ」[76]。また別の論説にはこうある。「労働者運動の成功が男性を組織化することのみによって決まる時代は過ぎ去った」[77]

この新聞には、ボリシェヴィキ運動の偉大な女性たち、すなわち、女性の解放を社会主義革命の中心に据えなければならないと決意している女性たちが集まった。たとえばそれは、ナデジダ・クルプスカヤ、イネッサ・アルマンド、コンコルディア・サモイロワ、アンナ・ウリヤノワ、マリア・ウリヤノワなどだ。クルプスカヤはヴィボルグ地区の、そしてアルマンドはモスクワの大規模な男女混合集会で、繰り返し演説を行なった。

『ラボートニツァ』の編集を担当したのは、サモイロワ、クラヴディア・ニコラーエワ、プラスコヴィア・クデリだった。大勢の働く女性たち、そして幾人かの男性が寄稿した。このタブロイド誌は、女性の平等に対するボリシェヴィキの取り組みを強化する役割を果たした。

『ラボートニツァ』はしかし、単なる雑誌以上のものだった。それはペトログラードの女性たちにとって、ボリシェヴィキ活動の組織的中心であった。『ラボートニツァ』はネットワークの中心に位置し、情報を集め、会合を企画し、活動家の学校を立ち上げた。コンコルディア・サモイロワは、レーニンからの提案を受けて、『ラボートニツァ』関連のグループに対し、ソヴィエトに代議員を送るよう呼びかけた。この雑誌によって、女性とボリシェヴィキ党との関係は強固なものとなった。『ラボートニツァ』の資金は、働く女性たちの賃金によって賄われていた。たとえば、路面電車の運転士アレクサンドラ・ロディオノワは、同誌に三日分の賃金を寄付している。五月から六月にかけて、ボリシェヴィキは立て続けに『ラボートニツァ』の集会を開き、学校を立ち上げて、「戦争反対、高値反対」というスローガンのもと、新たな中核活動家たちの奨励と育成を目指した。一九一七年七月、膨れ上がった怒りがペトログラードでのストや暴動に発展すると、臨時政府は責任をボリシェヴィキに押しつけ、やつらはドイツのスパイだと糾弾した。政府がこの状況を利用して革命家を厳しく取り締まったことから、大勢が逮捕されたり、追い詰められて身を隠したりする事態となった。コロンタイが逮捕された際、抗議のために開かれた家庭内労働者の集会には、一〇〇〇人の女性たちが集まった。七月の弾圧の間は集会は開かれなかったが、八月になると再開された。八月の集会には約五〇〇〇人が参加し、投獄されているボリシェヴィキの解放を求めた。このほか、戦争の終結を要求する集会も開かれた。

一九一七年七月、臨時政府が悲惨な結末に終わる軍事攻勢を開始すると、『ラボートニツァ』は大規模な国際集会を開き、戦争による犯罪的虐殺への抵抗と、世界の労働者の連帯を呼びかけた。数多くの地域集会がこれに続いた。こうしたさまざまな動きが職場や地域で活動する女性を政治に結びつけ、社会主義者のネットワークを作り上げた。『ラボートニツァ』は、十月革命へと続く道の地ならしに貢献したのだ。

第九章　「われわれは革命をこの身に背負って実現させた」[78]

一九一七年十月一〇日の夜、アレクサンドラ・コロンタイは派手な飾りのついた帽子をかぶり、油断なく見張る警察のスパイの目にも、いかにも「レディ」らしく見える傘を手にして自分のアパートを出た。向かった先は、党員であるタチアナ・フラクサーマン［この女性の名をガリナとするものもある（ミエヴィル『オクトーバー』）］のアパートだ。タチアナの夫スハーノフは以前、ふたりの女性タイピストが、今まさに革命が始まろうとしていると話しているのを耳にしたあの男性だ。そのスハーノフには、この日は別の場所に泊まってもらう手はずを整えてあった［ボリシェヴィキである妻のタチアナはこの夜、メンシェヴィキである夫に内緒で、自分のアパートを秘密会議の場所として提供していた］。コロンタイは、薄暗い居間のダイニングテーブルの周りに集まった人々に加わった。皆変装しており、レーニンはグレーのかつらをかぶっていた。夜一〇時から翌朝まで、ボリシェヴィキ中央委員会のメンバーがそれぞれの報告を行なった。どの話からも、労働者も兵士もすでに戦闘の準備ができていることが確かに感じられた。ジノヴィエフとカーメネフは、労働者がソヴィエトの名のもとに権力を握るべきであるという考えに反対していた。「すべての権力をソヴィエトへ」というボリシェヴィキの要求が、ペトログラード・ソヴィエトとモスクワ・ソヴィエトの両方において過半数の賛成を得ていたにもかかわらずだ。「あの臆病者たちは何を望んでいたのか」とアレクサンドラは書いている。「日和見主義の議会を通じて権力を握ろうとでもいうのか[79]」

夜が明けるころ、投票が行なわれ、一〇対二で武装蜂起が可決された。卓上湯沸かし器《サモワール》が運び込まれ、高揚感に包まれながらもひどく空腹だったボリシェヴィキたちは、食事と飲み物で腹を満たした。次に彼らは、男性および女性の工場労働者、兵士、水兵の武装化を進めるための特別局の設置について話し合った。「アレクサンドラは見慣れた早朝の通りや運河に沿って歩いて戻り、勝利と疲労で朦朧としながら、そのままソヴィエトへ向かい、政府との権力の共有をやめてすべての権力をソヴィエトへと訴える情熱的な演説を行なった[80]」

一九一七年十月にはすでに、三万人の女性がボリシェヴィキに参加していた。党がすべての権力をソヴィエトへ委ねよと要求すると、女性たちはこれに応えた。彼女たちの尽力は、十月革命を起こし、内戦の間これを維持するのに貢献した。革命によって、ボリシェヴィキ党が長年続けてきた、あらゆる活動に女性を参加させるという慣習はさらに強化された。地下活動の年月は平等主義を育んでいた。

「革命の年である一九一七年には、自由という概念がそこら中に蔓延しており、ボリシェヴィキはすぐに、組織の中で女性が非常に大勢働いていることを誇りであると公言するようになった」[81]。ボリシェヴィキは、男性労働者を対象に女性の権利を求める運動を展開し、女性たちが重要な役割を果たしている職場においては、女性の代表者を立てるために闘った。経験豊富な女性革命家たちは、新たに政治化された女性たちと交流を持てるようになった。

そうした女性のひとりに、アンナ・リトヴェイコがいた。彼女は一二歳のときに働き始め、まだ年若いうちに、家族を虐待して暴力をふるう父親を家から追い出した。職場である工場において、とあるメンシェヴィキの演説を聞いたものの、彼の話は穏健すぎると感じた。演説に来るメンシェヴィキは皆知識人だった一方で、ボリシェヴィキたちは労働者だった。アンナは工場の委員に選ばれ、そこでボリシェヴィキのナターシャ・ボガチェワと出会い、一九一七年には自らボリシェヴィキ党に入党した。工場の職長が鉄の棒を使って女性にやけどを負わせたときには、女性たちは会合を開き、職長を手押し車に放り込んで工場の外へ運び出した。十月、アンナとナターシャは革命に積極的に参加し、市内各所へ武器を運んだり、負傷者を医療所に連れて行ったりした。ほかの左派グループは、アンナのような女性は若すぎて、本格的な政治的信念を持つことはできないと考えていた。ボリシェヴィキだけが、そうした女性たちに本を読むよう、また公の場で話すことへの恐れを乗り越えてソヴィエトに参加するよう励ました。

コロンタイ、アルマンド、クルプスカヤなど、特に名前の知られたボリシェヴィキ女性の多くは、二月革命が始まったときには亡命状態にあった。それでも、別の世代の女性たちが、革命の時期を通じてボリシェヴィキ党において重要な役割を果たし続けた。ニーナ・アガジャノワは、まだ学生だった一九〇七年にボリシェヴィキに入党し、党を強化する地下活動に積極的にかかわり、五回逮捕され、二回追放された。一九一七年には、ボリシェヴィキ党のヴィボルグ地区に所属していた。『ラボートニツァ』の事務局長も務め、また一九一七年を通じて、白軍に対抗する地下任務に従事していた。ニーナは後に、映画『戦艦ポチョムキン』のベースとなる脚本を書いている。[82]

一九一七年に支持を求めて競い合っていた政党はどこも、指導部に女性をあまり登用していなかった。アメリカ人ジャーナリストのベッシー・ビーティは書いている。「ここでは、ほかの国と同様、政治における名誉はほぼ男性に与えられる一方で、食事や飲み物を用意する日常的な仕事は、ほぼ女性たちに任されていた」[83]。ベッシーは、ある民主的な会合では、代議員一六〇〇人のうち女性はわずか二三人だったと書いている。そのほかにも女性は大勢いたが、彼女たちは卓上湯沸《サモワール》かし器の後ろに控えて給仕をしたり、サンドイッチを作ったり、議事録を作成したり、票を数えたりしていた。ビーティはこう述べている。「そのさまはあまりに当然といった雰囲気であり、わたしはホームシックになりそうだった」[84]。全般的にはこうした状況であったものの、アレクサンドラ・コロンタイとエレーナ・スタソワのふたりは、一九一七年の時点でボリシェヴィキ中央委員会のメンバーになっており、一年後にはそこにワルワラ・ヤコヴレワが加わった。ソヴィエト政府においては、女性たちがいくつか重要な役割を担った。コロンタイはまた、新政府の中で、最初は社会福祉人民委員、後には宣伝人民委員として、主要な地位を占めていた〔「宣伝人民委員」となったのはクリミア・ソヴィエト社会主義共和国においてである〕。イネッサ・アルマンドとナデジダ・クルプスカヤもまた、新政府で活躍した。近代ヨーロッパにおいて国家政府を率いる歴史上最初の女性となったのは、一九一七年にウクライナ・ソヴィエト政府の指導者となったボリシェヴィキのエヴゲーニヤ・ボッシュであった。しかし一方で、多くの有力な女性たちが、社会主義の新政府において指導的地位に就かないことを選んでいる。

このように新政府に女性が少なかったことには、いくつかの要因があった。そのひとつは間違いなく、他者を率いる女性の能力についての男性たちの思い込みであり、もうひとつは、政治的リーダーシップに対する女性たち自身の姿勢だった。女性たちは得てして、あまり目立たない地位に就いて、脚光を浴びることなくそれぞれの信条のために働くことを選ぶ場合が多く、その理由は自信が足りないこと、また自分には経験と教育がないと考えていたことだった（ロシアの女性は高等教育から排除されていた）。加えて、多くの女性たちはまだ子供の世話を任されており、高い地位に就いたうえ、家庭の仕事までこなすことはできないと感じていた。こうしたさまざまな理由から、女性がボリシェヴィキ党および政府の要職に占める割合は低くとどまっていた。

しかしながら、革命政治に女性を参加させるために精力的に動いていたアレクサンドラ・コロンタイは、ソヴィエト政府で活動する女性の数について熱を込めてこう書いている。「われわれには、ソヴィエトのメンバーの女性たちのほかにも、地方ソヴィエトの議長になっている女性たちがいる。多くの女性たちが人民委員《コミッサール》として、社会および国家生活の分野において、最前線で活動している」[85]。ここで思い出しておきたいのは、イギリスにおいては、最初に女性が入閣したのはマーガレット・ボンドフィールドが労働大臣に任命された一九二九年であったことだ。アメリカ政府初の女性閣僚は、労働長官となったフランシス・パーキンスであり、これは一九三三年のことだった。ボリシェヴィキが重要な役職により多くの女性を任命しなかったことは、時代背景を考慮したうえで理解されるべきだろう。革命政権は、比較対象として適切な当時のどの政府よりも、多くの女性を卓上湯沸《サモワール》かし器の後ろから連れ出したのだ。

新政府以外の場所でも、何千人もの女性たちが、十月革命を支える活動に身を投じていた。女性たちは幅広い革命運動において、労働者や兵士たちのリーダーとなるよう促された。そうした女性のひとりが、ロザリヤ・ゼムリャチカだ。ロザリヤは急進的なユダヤ人家庭の出身で、初めて逮捕されたのはわずか一五歳のときだった。一八九六年にマルクス主義者となり、一九一七年までボリシェヴィキの地下活動に積極的に参加した。一九一七年二月には、ボリシェヴィキのモスクワ市委員会の書記を務めていた。この仕事はただのデスクワークではなかった。彼女はレーニンの忠実な支持者であり、腹の座った政治的策士だった。モスクワ市委員会が権力掌握を支持しなかったときには、彼女は男性

図8　赤軍の兵士、1918年

同志たちとともにこれを離脱し、独自の委員会を結成した。十月には、これらふたつのグループが力を合わせて、臨時政府軍を二日で打ち破った。内戦が始まると、ゼムリャチカは前線での任務を志願し、一九一八年八月には、赤軍のために戦うことを拒む部隊への対応のためにベロルシアに派遣された。彼女は奮起を促す演説を行ない、二週間かけて、戦いに参加するよう男性たちを説得した。そして兵士たちは、前線に向かう列車に乗り込んだ。ゼムリャチカはその後、ウクライナにおいて第八軍の政治将校となる。彼女は忠誠と尊敬を集めるリーダーであり、自らが白軍に対する冷酷な敵であることを証明してみせた。▼86

陸軍における急進化は、女性の扇動者によって兵士たちを社会主義に取り込むことができるようになったことを意味した。一九一七年四月には、アレクサンドラ・コロンタイはペトログラードで特に人気が高く著名なボリシェヴィキのひとりになっていた。コロンタイはある兵士たちの集会に出席し、自身を兵士たちの代議員としてペトログラード・ソヴィエトに派遣してほしいと彼らに訴えた。女性のボリシェヴィキを代表として立てるよう頼まれたことの衝撃から兵士たちが立ち直るのには一日かかったが、結局彼らは彼女に投票した。リュドミラ・スタールは、一九一七年の大半をクロンシュタットの海軍基地で過ごし、水兵やその妻たちを社会主義に取り込んでいった。水兵たちはその後、ただちに革命を守るために召集された。革命政権は白軍や外国勢力の攻撃を受け、その後の内戦では約一〇〇〇万人のロシア人が死亡した。

非常に多くの女性たちが赤軍に加わった。男性は強制的に徴兵されて内戦に赴いたが、女性の場合は義務ではなかった。それでも女性たちは軍に参加し、その数は極めて多かった。およそ五万から七万人の女性が、一九二〇年までに赤軍に加わっており、これは全軍の二パーセントにあたった。幾人かは軍の指導者となった。そのうちのひとりが、一九〇一年にボリシェヴィキに加わったエヴゲーニヤ・ボッシュだった。一九〇六年、彼女は娘たちに旅支度をさせ、夫にメモを残してキエフ［キーウ］に向かい、そこでロシア社会民主労働党の書記となったが、逮捕されてシベリアに追放された。彼女は外国へ逃れ、二月革命の後にロシアへ戻ってきた。一九一七年十月、ボッシュはウクライナ中部の町に駐留する連隊に向けて演説する許可を得た。彼らは「野生師団」と呼ばれており、ボッシュが到着したときには、武装をしたまま大酒を飲んでいた。ボッシュはひるむことなく二時間にわたって話をし、破綻しつつある臨時政府に代わってソヴィエトの政府を樹立する必要性を訴えた。ボッシュが話を終えて帰ろうとすると、軍の楽隊が大急ぎで楽器を持ち出し、彼女をにぎやかに送り出した。一カ月後、参謀長は、陸軍将校の間に蔓延していた反ユダヤ主義を隠すことなくこう書いている。「ユダヤ女であるボッシュのような煽動家たちが、連隊の全部隊を汚染してしまった」[87]。自分たちの未来は社会主義にあると兵士たちに納得させたボッシュの能力は、多くの人が彼女に対して抱いていたはずの偏見よりも強力だった。参謀長は、これが旧体制にとっていかに危険であるかを認識していた。旧体制は長年にわたり、労働者階級を分断、弱体化させるうえで、反ユダヤ主義と性差別主義を利用していたからだ。

それからほどなく、三二キロほど離れたヴィーンニツァに駐屯する別の連隊が反乱を起こした。軍が増援を要請すると、ボッシュは陸軍の命令に応じないよう説得するために「野生師団」のもとに向かった。兵士たちは凍えるような雨の中、広場にぎっしりと並んで彼女の話に耳を傾けた。翌日、ボッシュは反乱砲兵中隊の先頭に立ってヴィーンニツァに戻った。目的は反乱軍の鎮圧ではなく、彼らに合流することだった。数日間の戦闘を経て、町はボッシュとその反乱軍の手に落ちた。後に起きた内戦の間に、ボッシュはウクライナをボリシェヴィキの支配下に置き、ヴィクトル・セルジュ［一八九〇～一九四七年。ロシア革命マルクス主義者、歴史家、作家］から、当時の最も有能な軍事指導者のひとりと評された。数カ月後、ボッシュはウクライナ・ソヴィエト議会を立ち上げ、そこでソヴィエト共和国が宣言されると、暫定的に、国家政府を率いる最初の女性となった。一九一八年一月には、ウクライナ・ソヴィエト共和国の内務大臣に就任する。レーニンの死後は、党を率いるスターリンのやり方に対して、声高に理にかなった批判を行なった。トロツキーの支持者であった彼女は、やがて失望を深め、気力を失っていく。一九二五年一月、トロツキーがスターリンによって赤軍指揮者の地位を追われると、ボッシュは自らの命を絶った。

第一〇章　解放に向けた法制化

ボリシェヴィキは女性の解放に尽力したが、この分野における彼らの功績は、大半の歴史家から大いに過小評価されてきた。ロシアの女性農民の多くはそれまで、中世からほとんど変わらない生活を送っていた。女性の搾取は法的に容認されており、男性が妻への愛を示すやり方は、日常的に相手を殴るというものだった。多くの農民の家庭では、ベッドを見下ろす壁に鞭がかけられていた。[88] 女性の人生は、幾度にもおよぶ妊娠、流産、高い乳児死亡率によってめちゃくちゃにされた。女性たちは家畜のように買われ、売られた。女性たちは財産を相続することも、所有することもできず、夫の許可なしには仕事もパスポートも持つことができなかった。ロシア東部のイスラム圏には、カリム（新婦の対価）を支払う制度があった。これはロシア西部の農村に存在した、父親が決めた結婚相手に娘を売るという習慣の影響を受けたものだった。「ニワトリは鳥ではなく、女性は人間ではない」。そんな格

図9　昔ながらのロシアの農民一家、1917年頃

言はひとつだけではなく、「人間がふたり、通りを歩いているのが見えたと思ったが、実際には男ひとりとその妻だった」というものまであった。

ドイツの社会主義者クララ・ツェトキンは、ボリシェヴィキの女性センターを訪れて、こんな女性の話を聞いている。「わたしたちは物言わぬ奴隷でした。部屋に隠れ、自分の支配者でもある夫の前では、恐怖で身をすくませるしかありませんでした。父親は娘を一〇歳か、それよりも小さいころに売ります。夫は好きなときにわたしたちを棒で殴り、鞭で叩きます。夫がこちらを凍えさせてやろうと思えば、わたしたちは凍えるしかありません。わたしたちの喜びであり、家のことを手伝ってくれる娘たちも、夫に売られました。わたしたちが売られたのと同じように[89]」

臨時政府は、女性の問題への取り組みを始めていた。一九一七年四月、第一回全ロシア・ムスリム女性会議が開かれ、五九人の代議員が、三〇〇人の女性たちを前に話し合いを持った。議題となったのは、イスラム法、複婚、女性の権利、ヒジャーブなどであった。チャイナ・ミエヴィルは、この大会で一〇の原則が採択された経緯を書いている。その原則の中には、たとえば「女性の投票権、男女の平等、ヒジャーブの非強制性」などがあった[90]。このように、二月革命は参政権をはじめ、女性の地位に関していくつかの改善をもたらしたが、十月革命では、男性との平等にとどまらない真の解放を目指した、画期的な新法が多数制定された。

革命政権が目指したのは、家父長制と男性支配の鎖を断ち切ることだった。彼らは家庭における男性の支配を終わらせ、女性に完全な平等を保証するための法律を制定した。革命から六週間後には、市民結婚が法律によって認められ、離婚が合法化され、だれもがこの制度を利用できるようになった。コロンタイは新しい法律の起草において中心的な役割を果たし、これを偉大なる勝利と呼んだ。結婚式は簡素化され、コロンタイは、夫婦は結婚の際、どちらの姓を選んでもよいとする条項を追加した。「[身分事項、]婚姻、家族および後見に関する法典」は、一九一八年十月に批准された。これにより、配偶者はそれぞれの財産や収入に対する権利を保持することが認められ、嫡出子と非嫡出子の区別はすべて撤廃され、要求に応じての離婚が可能となった。同性愛は合法化された。「新たな家族法は、歴史上前例のないものだった」と、タリク・アリは指摘している。[91] アリは、ソヴィエト政府が女性のためにいかに多くのことを実現しようとしていたか、また、家庭法の変革がいかに型破りなものだったかを認識している数少ない社会主義者・フェミニストの歴史家のひとりだ。[92]

「同一労働同一賃金」の原則は正式に法に記された。一九二〇年には、ロシアの女性は中絶の権利を手にしていた。これはアメリカより五三年、イギリスより四七年前のことだ。母子保護課は、働く母親たちへの支援を導入し、そこには一六週間の有給出産休暇や、出産を手伝う友人に報酬を支払うための保険などが含まれていた。これらの改革は、西欧諸国の女性たちが享受していたものよりもはるかに進んでいた。ただしこれは、ほんとうの意味での解放ではなかった。マルクス主義の女性論の中核には、女性は私的な家族単位内の家事から解放されなければならないという考えがあった。女性が引き続き家庭での炊事、洗濯、掃除、育児を担っている限り、彼女たちは平等かつ自由になることはできない。そこでソヴィエト政府が始めたのが、女性を育児と家事の負担から解放するための共同施設を作ることだった。政府は女性を洗濯から解放するために、共同の洗濯場と食堂を作る取り組みに着手した。女性が子供の世話から解放され、労働力に加わることができるよう、託児所や学校を設立した。一九一九年には、ペトログラードの人口の九〇パーセントが、公共の食堂、洗濯および保育施設を利用できるようになっていた。

ボリシェヴィキはまた、女性のエンパワメントを目的とした運動も開始した。アレクサンドラ・コロンタイ、イネッサ・アルマンド、ナデジダ・クルプスカヤの指導のもと、この運動に取り組む女性部《ジェンアッジェール》は、革命のニュースを広め、法を執行し、労働者階級および農民女性のために、政治教育や識字の教室を立ち上げた。ある歴史家は女性部《ジェンアッジェール》について、「それまでに政府によって行なわれたものの中で、女性解放のための最も野心的な試みのひとつ」と呼んでいる。[93] 一九一八年秋、一〇〇〇人以上の女性が、第一回全ロシア女性大会に集い、アルマンド、コロンタイ、サモイロワらの熱の込もった演説に耳を傾けた。女性委員会のネットワークが設立された。彼女たちは、苦境に陥っている政権にとって働く女性は重要な資源となると主張し、自律的で性的に解放された未来の女性である「新しい女性」という概念を生み出した。女性部《ジェンアッジェール》の職員たちは、平等と権利のメッセージを携えてロシア全土に赴き、そのメッセージを恐れる男性たちの暴力に立ち向かった。中央アジアへ行ったときには、ベールをかぶり、「赤テント」や「赤ボート」を立ち上げて、イスラム教徒の女性たちに接触して非識字を撲滅する運動を行なった。

女性部《ジェンアッジェール》は、赤軍やゲリラ部隊で戦うことを目的に女性たちを組織した。女性が抱える問題に力を合わせて対処し、自信をつけようと女性たちを励ますために、活動やクラブ、会議を企画した。女性部《ジェンアッジェール》は女性たちに声を上げることを教え、今とは異なる人生への希望を与えた。何世紀にもわたり続いてきた抑圧を根絶するための闘いは、容易なものではなかった。個人生活における革命は経済発展よりも前に実現できるか否か、性別の本質、男女の理想的な関係などについて、熱の込もった議論が交わされた。残念ながら、革命家たちが求めた未来を、荒廃し、戦争に打ちのめされた国で築くことは叶わなかった。家庭のために代替手段を提供するうえで必要なリソースが、そこには存在しなかった。設備の質も、数も不十分だった。法律を制定することはできても、深く根づいた考え方、将来像、前提を変えることはそれよりも難しかった。

物質的に極めて困難な状況にありながらも、一九一七年の女性たちはほんの数カ月の間、社会主義社会が女性のために何ができるのかを垣間見せてくれた。ドイツ革命とハンガリー革命の失敗により、ソヴィエト・ロシアは孤立し、著しく貧困化した。女性解放という未来像は、こうした悲惨な状況下では実現することができなかった。成果は一時的なものではあったが、彼女たちは革命を通して、ほかの社会の女性たちが従来型の運動や抗議活動によって、長い年月をかけて手に入れた以上のものを達成した。そのプロセスにおいて彼女たちは、社会主義はどのように女性解放の可能性を生み出すことができるかという刺激的なビジョンを、わたしたちに遺してくれた。コロンタイはベッシー・ビーティにこう語っている。「たとえ敗北するにせよ、われわれは偉大なことを成し遂げた。われわれは道を切り開き、古い考えを破壊しているのだ[94]」

第一一章　レーニン主義者、フェミニスト、「崇拝する女性たち」

非凡な才能と勇気のある革命家たちが、ウラジーミル・レーニンとその生涯をともにした。ナデジダ・クルプスカヤ、イネッサ・アルマンド、レーニンの母と義母、姉のアンナ、妹のオルガとマリアのほか、コロンタイのような革命家仲間や、事務仕事を担うスタッフも大勢いた。彼女たちについては、レーニンの伝記ではどれもごく軽く触れられているだけであり、常に同じように「［レーニンを］崇拝する従順な女性たち」と表現されている。[95] 一般に歴史家は彼女たちのことを、単なるレーニンの付属品、輝く太陽のまわりを回る小惑星のように扱ってきた。しかし、レーニンの周囲にいた女性が政治とかかわりをもつようになったきっかけは、例外なくレーニンとは無関係だった。彼女たちは投獄や追放に耐え、国外で暮らし、革命のための地下運動に参加していた。重要な局面では、レーニンに重要な物質的、実践的支援を提供した。たとえばアンナ・ウリヤノワとマリア・ウリヤノワは、レーニンの亡命中、彼と連絡を取り続け、その著作を出版した。女性たちはまた、革命プロセスの重要な時期に彼を政治的に支援した。レーニンとともに、その政治的願望、生活、家庭をわかちあった女性たちが、彼に政治的影響を与えなかった、あるいはそれぞれ独自の考えを持っていなかったとは、とうてい考えられない。

一九一四年八月、国際的な社会主義運動は大きな打撃を受けた。強大なドイツ社会民主党が、帝国主義的な戦争に反対するという長年の誓約を顧みることなく、自国政府の支持に票を投じたのだ。国際主義の崩壊は、断固戦争に反対することを決意していた人々に恐ろしいほどの衝撃を与えた。ドイツのローザ・ルクセンブルクとクララ・ツェトキンは、絶望と孤立を深めた。アンナ・ウリヤノワ、マリア・ウリヤノワ、ナデジダ・クルプスカヤ、アルマンド、コロンタイ、レーニンらロシアの革命家たちは、結束の固い反戦活動家グループを形成した。コロンタイとアルマンドは、一九一五年に開催された最初の国際反戦集会、ベルン会議の陰の原動力となった。

二月革命の知らせを受けたレーニンがまずやったことのひとつは、コロンタイに手紙を書き、国際プロレタリア革命と政権奪取の必要性を説くことだった。コロンタイはレーニンの考えに感銘を受け、ペトログラードに駆けつけて、「パンと平和と土地を」という革命スローガンに賛成するよう強く訴えた。レーニンが一九一七年四月にフィンランド駅に到着し、臨時政府を攻撃する演説を行なうと、これはボリシェヴィキのみならず、その他の社会主義者たちにも大きな衝撃と怒りを引き起こした。

ペトログラード・ソヴィエトでの最初の演説において、レーニンがロシアでのさらなる革命の必要性を説いたとき、彼は罵声を浴びせられ、大声で糾弾された。

コロンタイは、この集会においてレーニンの「四月テーゼ」を公に支持した唯一のボリシェヴィキだった。「ナデジダ・クルプスカヤとイネッサ・アルマンドは、最前列から彼女に微笑みかけ、唯一の味方として彼女を支えた。その場にいた人の大半は、コロンタイの話にやじや嘲りの言葉を投げかけ、その演説を取り上げたブルジョア向けの報道は、彼女のことを『革命のワルキューレ［戦死した英雄の霊を天上に導く北欧神話の乙女］』と呼んだ[96]」。コロンタイはこう回想している。「わたしひとりがレーニンの見解を支持し、それ以外は煮え切らない態度のボリシェヴィキばかりだった[97]」。ほかの人たちは、レーニンは錯乱しているか、正気を失ったのだと考えた。ロシアはあまりに貧しく、遅れていて、社会主義革命を期待することなどとうていできないというのが、彼らの主張だった。まずブルジョアジーによるロシアの発展を容認してはじめて、社会主義実現の可能性が生まれるというのだ。レーニンとその支持者たちは、ロシア革命は、世界の社会主義革命を燃え上がらせる火種になり得ると訴えた。

この集会にいた集団が、十月にやってきた反乱の決定的瞬間には、ひとつに団結した。コロンタイは政権奪取を決議した中央委員会の会議にも臨席していた。革命前日の十月二四日、レーニンは、党が行動を起こさないことにいらだっていた。そして中央委員会の頭越しに、各地区のボリシェヴィキ

図10　アレクサンドル・ロドチェンコが手がけた力強い書店の広告

委員会に働きかけることを決めた。レーニンは、自身がざっと書いたアピールの草稿を、党員に周知させるために、ほかのだれでもなくクルプスカヤだけに渡すようにと強く言って届けさせた。アピールの最後の文にはこうある。「政府は倒れる寸前だ。なんとしても致命的な打撃を与えなければならない。行動の遅れは命取りになる」▼98

これらの女性たちは、重大な場面でレーニンを支え、働く女性が有する大きな潜在能力を取り入れた戦略の策定を助けた。ロシアにおけるフェミニスト運動の高まりにより、多くの社会主義者が、どんな形であれ女性が個別の組織を形成するという考えに反感を抱いていた。クルプスカヤも確かに、第一次大戦中には婦人局を作ることに反対していた。しかし、労働者闘争の経験がこれを変えた。まず、一九一七年九月の雇用危機の際、最初に解雇や減給の対象となるのは女性にすべきだと男性たちが求めたとき、ボリシェヴィキはこれに反対した。女性は今や労働者階級の大きな割合を占めるようになっており、そうした手段は労働組合運動全体を分裂、弱体化させることになると、彼らは気づいていた。第二に、女性労働者はすでに、自分たちが戦闘においても、組織においても有能であることを証明していた。女性たちは、自らの置かれている状況を改善するため、またより広範な政治的変革のために闘ってきた。女性たちは労働組合において、また社会主義組織において、重要な役割を果たす権利を勝ち取ってきた。

レーニンに親しい女性たちは、女性の平等を求める最も早い時期からの、そして最も熱心な運動家に、女性の平等を中心的要素とするためにレーニンはロシア社会民主労働党の設立当初から、女性の平等を中心的要素とするために尽力した。レーニンは政治活動を求める女性の声に賛同し、女性部《ジェンアッジェール》および『ラボートニッツァ』の創設を支持した。女性についての、そして女性に対してのレーニンの演説、またクララ・ツェトキンとの会話からは、家庭内労働という苦役からの女性の解放という課題にレーニンが深くコミットしていたことがわかる。レーニンは第一回全ロシア女性大会において演説し、女性労働者を対象としたすべての取り組みへの支持を表明した。ロシア革命はレーニンなしには勝利できなかったとよく言われる。ここにはもうひとつ、こんな言葉をつけ加えることができるだろう。彼を支え、彼が自らの考えをまとめ上げ、それを実践するのを助けた女性たちがいなければ、レーニンは勝利を収めることはできなかっただろう。

結び　抑圧された人々の擁護者

レーニンの姉妹たちの伝記を書いたケイティ・タートンは、一九一七年に女性たちは姿を消し、見えているのは演壇上のコロンタイだけになったと述べている。女性たちには自信が欠如していたこと、また、古い世代は運動に貢献することに深くコミットし、自己犠牲と謙虚さを重んじていたことを、タートンは示唆している。[99] ボリシェヴィキ内において、女性たちは公的生活と革命活動に全面的に参加し、自分たちの活動について文章に記すことを奨励されていた。一方、ボリシェヴィズムにおいては同時に、女性は自分たちが書く文章の中で、自らの活躍を強調するような表現を避けるべきだという考えが強く存在した。なぜなら、革命家であれば男女を問わず、大義のために働く謙虚な奉仕者として自らを描くべきだと、ボリシェヴィキは考えていたからだ。個人の功績を言い募ることは、集団的努力という共産主義のイデオロギーとは相容れなかった。何年もの月日を秘密の活動に費やしてきた女性たちの中には、政治活動が大衆扇動に移行することに難しさを感じた人もいたことだろう。そのほか、高等教育を受ける権利を与えられず、理論面での成長の限界を感じた者たちもいた。コロンタイが女性ボリシェヴィキとしてとりわけ目立つ存在だったのは確かだが、女性は彼女ひとりではなかった。たとえばエレーナ・スタソワは、中央委員会の書記として重要な地位に就いていた。エレーナは党の通信、財務記録、資金の分配などを担当した。

一方で、一九一七年には踏みとどまることができた女性たちも、スターリンが権力の掌握を強めるにつれ、数年のうちに姿を消していったのも事実だ。「オールド・ボリシェヴィキ」はスターリンにとって危険な存在だった。なぜなら彼らは、スターリンが一九一七年の革命を先導していなかったこと、レーニンがスターリンを後継者として見たことは一度もなかったことを知っていたからだ。一九一七年四月にレーニンと一緒に封印列車に乗っていた人たちの中で、老衰で亡くなったのはクルプスカヤだけだ。クルプスカヤは脅しと中傷によって口を塞がれ、彼女が書いたレーニンの回顧録は、その内容からトロツキーを排除してようやく出版された。ジノヴィエフは一九三六年に射殺された。彼が自らの「罪」を告白したのは、それで家族を救えると信じたためだったが、その願いは叶わなかった。一九一七年四月の封印列車に乗っていたときはまだ子供だった彼の息子ステパンもまた、一九三八年に銃に倒れた。彼の妻ズラータ・ジノヴィエワは追放された後、やはり一九三八年に射殺された。オリガ・ラヴィッチは二〇年間、北極の収容所に入れられ、一九五七年に肺がんで亡くなった。彼女の教育に関する著作や子供向けの本はすべて、スターリン政権下において発禁とされた。同じく列車に乗っていたカール・ラデックとグリゴリー・ソコリニコフは、一九三七年一月にともに裁判を受けた。彼らは強制労働収容所に送られ、どちらもそこで殴殺された。

そのほかのオールド・ボリシェヴィキたちも同じ運命をたどった。一九三六年、レフ・カーメネフもまた、家族を救うために自らの罪を「自白」した。そして、この試みもまた失敗に終わった。妻オリガ・カーメネワの一七歳の息子は一九三八年に処刑され、オリガも一九四一年にマリア・スピリドーノワとともに銃殺された。今もモスクワの美術館に飾られているソヴィエトの画家ミハイル・ソコロフの絵には、一九一七年四月にフィンランド駅に到着するレーニンの姿が描かれており、彼の後ろの列車のステップにはヨシフ・スターリンが立っている。これは画家の手によって仕上げられたフェイクニュースだ。スターリンはそこにはいなかった。革命の経験を体現していた人々は一掃され、空いた場所にはスターリン主義の神話が打ち立てられた。

ボリシェヴィキ党は、その人なりの長所と短所を持つ個人の集まりであり、各人が党内のさまざまな趨勢に従って動いていた。働く女性たちとの新たなかかわり方を見つけようとした人々は、男であれ女であれ、懐疑と敵意に直面することが少なくなかった。しかし、決して完璧ではなくとも、ボリシェヴィキ党は女性たちに、彼女たちが抱く革命への熱い思いを向ける先を提供した。「法に固く縛られたロシアのどこにも、女性たちが、この国の家父長的伝統の制約からこれほどまでに解放された生活を見出せる場所はなかった[100]」。党を形作ったのは、何世紀にもわたる抑圧を打ち破ってストライキと組織化を行なった女性たちだった。そして党は、自らの解放を勝ち取るために女性たちが必要としたアイデアを提供した。

歴史家のバーバラ・クレメンツはコロンタイ、アルマンド、クルプスカヤ、スタソワ、アンナ・ウリヤノワ、マリア・ウリヤノワのことを「ボリシェヴィキフェミニスト」と呼んでいる[101]。実際の彼女たちは、階級を無視したブルジョアフェミニズムにも、労働者階級を分断するな、自分たちの要求を掲げる前に革命の勝利を待てと女性たちに向かって要求したマルクス主義にも反対することで、党の理論と実践を発展させたボリシェヴィキであった。彼女たちは革命家であり、女性が抑圧と搾取という二重の負担に直面していること、また、女性たちを革命政治に引き込むことは可能であることを理解していた。彼女たちは、女性の抑圧を永続させる思想には、それが表明されるたびに抵抗するよう同志たちを励ました。ロシア革命を起こした働く女性たちは、彼女たちの信頼と努力に全力で報いた。

第二部　革命家たちの生涯

扉写真：アレクサンドラ・コロンタイと女性たち。1920年。

アンナ・ウリヤノワ（一八六四～一九三五年）
マリア・ウリヤノワ（一八七八～一九三七年）

図11　アンナ・ウリヤノワ

レーニンの姉アンナと妹マリアについて、革命を伝える歴史家たちはほとんど言及していない。一九〇四年にレーニンと知り合った革命家のヴァレンティノフは、レーニンはまるで「惑星系の太陽」であり、彼のことをマリアは「ほとんど盲目的に崇拝」し、アンナは「神の使い」のように見ていたと書いている。[102] レーニンこそがマルクス主義を姉妹に教えた側であるのは自明の理であり、姉妹はそれに喜んで耳を傾けたというわけだ。アンナと同時代のある人物は、後にこう書いている。「ウラジーミル・イリイチ［レーニン］との読書や会話に影響を受けて、アンナの中でマルクス主義的な考え方が形を取り始めた[103]」

レーニンの伝記作家が彼の姉妹に言及する場合、それはおおむね幼少期と革命初期、そしてマリアが彼の看病をしていた晩年に限られる。ロシア革命に関する記録の大半において、姉妹たちが大きく扱われることはほとんどなく、たとえ登場したとしても、そこではジェンダーが強く意識された言葉が使われている。たとえば、ロバート・サーヴィスは一度も結婚しなかったマリアのことを、「ひねくれたオールドミス」と呼んでいる。[104] アンナの夫マルクは恐妻家と表現されることがあり、サーヴィスも彼について、いつも妻からガミガミ言われていたのだろうと憶測をめぐらせている。サーヴィスの記述によると、姉妹からの崇拝によって、レーニンは専制的な傾向を持つようになったという。

レーニンの周りには、あたたかな期待に満ちた励ましとでも呼ぶべき空気が漂っていた。そのせいでレーニンは、ほかの人たちが自分の望みを尊重してくれるのが当然と考えるようになった。だからこそ、彼は「生まれながらの指導者」のように見えた。一方でこれは、自分が引き起こした困難を十分に自覚できないということにもつながった。レーニンは自分の思い通りにすることに慣れきっており、少しでも水を差されると、怒りを爆発させることがよくあった。彼は邪魔をされることがとにかく嫌いだった。青年になるころにようやく、レーニンは四人の女性たちに育てられたわがままな子供程度にまで成長した。▼105

しかし事実としては、きょうだいの中でいちばん年上のアンナがマルクス主義者仲間と一緒に何年も活動していたところへ、後から加わったのはレーニンの方だった。アンナもマリアも、生涯にわたって熱心な革命家だった。一八九〇年代から一九一七年まで、アンナとマリアはレーニンとは無関係に、革命家として活動していた。ふたりには、自らの政治的信念と判断、革命家としての経験と手腕があった。アンナとマリアは、ブハーリン、ルナチャルスキー、スタソワなど、幾人もの優れたボリシェヴィキたちと密接に協力して動いていた。多くの革命家がそうであったように、アンナとマリアも地下活動の間は遊牧民のような生活を送り、ロシアとヨーロッパを広範囲にわたって移動していた。それは主に党の任務を遂行するためだったが、拘束を逃れるためや、ときには追放処分を受けてのこともあった。アンナとマリアは、逮捕の危険があるときや、獄中からでさえも、革命の煽動を続けた。ふたりはまた、労働者、兵士、囚人たちの間でも精力的に運動を展開した。

アンナとマリアは、ボリシェヴィキ党の新聞や刊行物の制作を中心になって進めた。こうした媒体は、社会民主主義運動にとって大きな重要性を持っていた。新聞は、党員たちの間にニュースや思想を行き渡らせるための手段であり、互いに共通点のない、地理的に遠く離れた革命グループを結びつける数少ないつながりのひとつとなった。アンナとマリアは、地下時代に発行された主要な新聞すべてにかかわっていた。両者とも、ＲＳＤＬＰの主要機関紙『イスクラ』の制作において卓越した役割を果たした。アンナは海外に滞在していた一九〇〇年から一九〇二年にかけて、『イスクラ』の関連組織のために最初はパリ、次にベルリンで働きながら、この新聞の創刊に貢献した。アンナはまた、同紙の記事も執筆している。マリアはモスクワで『イスクラ』のために働き始め、外国から送られてくる本のカバーの下に隠して同紙を受け取っていた［『イスクラ』は当初、ドイツで発刊されていたため］。ある歴史家は、地下活動時代についてこう書いている。「そこには些細な行ないも偉大な行ないもなかった。当時は偉大な仕事が些細な物事に左右され、不注意な一歩が組織の崩壊につながり、つまらない〔事柄〕のせいですべてが崩れ落ちる可能性があった」▼106

ウリヤノフ家の長男アレクサンドル・ウリヤノフは、一八八七年三月、皇帝《ツァーリ》アレクサンドル三世の暗殺を企てたために処刑された。アンナとアレクサンドルは同じ団体に所属し、同じ会合やデモに参加していた。アレクサンドルが暗殺計画を実行に移した夜、彼のアパートには捜索が入り、アンナ宛の電報が発見された。アンナもまた逮捕された。アレクサンドルには死刑が宣告され、アンナの処分は追放とされた。母親の手回しにより、アンナは外国ではなく、一族の領地で刑期を務めることになった。一八九三年以降、アンナもマリアも地下の違法な革命活動に一貫して従事した。アンナは一九〇〇年、逮捕を逃れてフランスとドイツへ行き、そこで地元の社会民主主義グループに参加して、レーニンに会うためにジュネーヴやミュンヘンを頻繁に訪れた。一九〇四年一月、アンナとマリアは逮捕され、数カ月間を牢獄で過ごした。一九〇五年夏、マリアはサンクトペテルブルクにやってきて、地域のボリシェヴィキ委員会で忙しく働くアンナに合流した。一九〇五年革命が鎮圧された後、マリアは度重なる亡命生活に耐えながら、送り込まれた先々の街で社会主義組織を作り上げた。結婚し、息子をひとり養子に迎えていたアンナはロシア各地をめぐり、『ラボートニツァ』などの地下出版物を編集、発行した。

一九一七年、アンナとマリアは革命活動に身を投じた。マリアはタイプライターを入手し、ペトログラード市内で配布するスローガンを書き始めた。姉妹は復刊する『ラボートニツァ』のために尽力した。アンナは創刊号一万二〇〇〇部の印刷と配布を成し遂げ、一九一七年二月二三日から六月二六日の間に計七号を発行した。三月八日、ふたりはボリシェヴィキ党中央委員会に加わった。アンナとマリアは、『プラウダ』紙に二月革命についての記事を執筆している。「何という速さですべてが実現したのだろう！　まるで物語のように、まるで幻想のように――美しく、そして厳粛に。一日のうちに、ほかのときであれば一年で経験する以上のことを乗り越え、そして数日のうちに、民衆はわれわれから過去を取り去った」[107]。一九一七年から一九二四年にかけて、アンナとマリアはボリシェヴィキ政権の高官として活動した。アンナは児童保護部門の設立に貢献した後、その長となり、一方、マリアは『プラウダ』の事務局長および労働者組織「ラブセリコル」の指導者となった。

革命前の警察の報告書には、ボリシェヴィキ組織の中でアンナとマリアがどのような地位にあったかについて詳細に記されている。報告書では、アンナはエリザロワと呼ばれている。「［エリザロワは］極めて有害な性向を持つ人物。外国とのつてを利用して、違法な文献の帝国内への持ち込みを手伝い、ロシア国内の出来事についての情報を外国の革命活動家や地下出版物に伝達し、革命組織に支援と奉仕を提供している。エリザロワの重要性に鑑み、警察局は彼女を警察の監視下に置くことを求める[108]」。

また別の報告書は、マリアとその家族についてこう書いている。「マリア・イリイチナは明らかに、極めて有害な傾向のある一族の革命的伝統を保持している。彼女の兄アレクサンドルは、テロリストの陰謀に加担して一八八七年に処刑され、ウラジーミルは反逆罪でシベリアに送られ、ドミトリーは最近、社会民主主義思想の伝播により警察の監視下に置かれた。姉のアンナは外国の諜報員と常に接触しており、その夫マルク・チモフェヴィチ・エリザロフと同様、警察の監視下に置かれている[109]」

ナデジダ・クルプスカヤ（一八六九～一九三九年）

図12　ナデジダ・クルプスカヤ

ナデジダ・(ナディア)・クルプスカヤは、単なるレーニンの忠実な妻で、彼を手助けした人物に過ぎないと描写されることが多い。ロシアの歴史家ドミトリー・ヴォルコゴーノフはクルプスカヤのことを、レーニンの影であり、その生涯は「レーニンとかかわりがあったことにのみ意義があった」と述べている。▼[110] クルプスカヤの従属的な役割は、何度も繰り返し強調されている。クルプスカヤの伝記を書いたロバート・H・マクニールは、それを裏づける証拠を提示する必要があるとも考えなかった。「クルプスカヤはあきらかにレーニンからの直接の監督下で動いており、彼女の自主的な役割を誇張しようとすることには意味がない▼[111]」。実際のクルプスカヤは、レーニンと出会う前から熱心な革命社会主義者であった。

ナデジダ・クルプスカヤは、貴族ではあっても貧しい家庭に生まれた。同時代の人々は、クルプスカヤが幼少期から抗議運動の精神に目覚めていたと述べている。学業優秀で学校で表彰されるほどだったが、女性であったために高等教育からは排除された。やがていくつかの討論サークルに参加し始め、一八九四年にウラジーミル・レーニンと出会ったときには、すでにマルクス主義者になっていた。一八九六年十月、クルプスカヤは初めて逮捕され、追放となるが、レーニンと結婚することを条件に、シベリアにいる彼のもとへ行くことを許された。

クルプスカヤの母エリザヴェータ・ヴァシーリエヴナ・クルプスカヤも娘に同行した。母エリザヴェータは、追放地で暮らす娘の生活に常に寄り添っていた。エリザヴェータに関する記録は非常に少ないものの、「レーニンは何を食べたか」と題された記事では大きく取り上げられている。ヘレン・ラパポートはこの最初の追放期に関して、レーニンは「ナデジダが一緒にいてくれることを喜んでいた。義母の存在さえうれしかったようだ」と書いている。[112] 遠方へ移動するときには、義母も必ずついて行ったと言われる。義理の母などお荷物に決まっているとラパポートはほのめかしているが、エリザヴェータがレーニンの不機嫌さを訴えていたことを考えると、もしかすると彼女のほうがレーニンに我慢していたというのが実情だったのかもしれない。追放地にいる間に、エリザヴェータは深く信仰していた宗教を捨てた。彼女はボリシェヴィキ党の通信を解読し、文書を密かに持ち込むための特殊なポケットがついた服を縫った。歴史家たちの目から見れば、エリザヴェータという、家庭を離れて、ジュネーヴ、パリ、ブリュッセル、ガリツィア、ロンドンで亡命中の革命家たちと暮らした女性は、つまらない仕事をこなす雑用係、口やかましい姑であって、決して独立したひとりの女性ではなかった。

一九〇〇年、クルプスカヤは働く女性たちに向けて、パンフレット『女性労働者』を出版した。このパンフレットは、有償労働がいかに女性たちを専制的な父親や夫の支配から解放することができるかを説いたものだ。未来の社会主義社会は、女性を育児の苦役から解放する。これを達成するには、女性が「労働者運動のために男性と手を携えて」政治的闘争に従事することが不可欠だと、クルプスカヤは訴えた。クルプスカヤが学生時代にはすでに、エンゲルスの『家族・私有財産・国家の起源』

やマルクスの『資本論』第一巻を読んでいたにもかかわらず、伝記作家のマクニールは、このパンフレットからは、クルプスカヤがマルクス主義者になったのは、「レーニンによる指導▼[113]」があったからこそであることが見て取れると示唆している。

一九〇一年に追放の刑期を終えたクルプスカヤは、国外でレーニンと合流し、エリザヴェータとともに、それからの五年間をミュンヘン、パリ、ロンドンにいる亡命者たちとの交流に費やした。クルプスカヤは料理があまり得意ではなかったと、ラパポートは書いている。まるでそれが彼女の仕事だと言わんばかりだ。「ヴォロージャ〔レーニン〕は、ナデジダが出す家庭料理もどきに、驚くほど潔く耐えていた▼[114]」。クルプスカヤには、もっとほかにやるべきことがあった。彼女は決してボリシェヴィキグループの単なる末端メンバーではなかった。レオン・トロツキーは、クルプスカヤが党の仕事を中心になって進めていたと述べている。「彼女は到着する同志たちを受け入れ、出発するときには彼らに指示を出し、コネクションを作り、秘密の住所を提供し、手紙を書き、通信の暗号化と解読を行なっていた。クルプスカヤの部屋には、彼女が火の上で温めて読んだ秘密の手紙から漂う、燃えた紙のにおいが漂っていた▼[115]」。一九〇五年の革命後、クルプスカヤはサンクトペテルブルクに戻り、そこで中央委員会の書記となって、党の財政を掌握するようになった。社会民主党は何倍にも成長したが、やがて革命の機運が静まると、彼女は再び亡命を余儀なくされた。

クルプスカヤは、社会主義的な教育論の体系化を試みた最初のマルクス主義者のひとりだった。しばらく研究を続けた後、彼女は『国民教育と民主主義』（一九一五年）という短い本を書き、教育における労働の役割について概説した。この本は一九一七年にようやく出版され、何度か版を重ねた。一九一七年夏、クルプスカヤはヴィボルグ・ボリシェヴィキ委員会の一員となり、そこで公立学校のネットワークを作った。クルプスカヤが一五歳のリーザ・ドラブキナに声をかけ、運動場を作るよう依頼したとき、まだ年若い彼女はこう言った。わたしは「子供たちの鼻をぬぐうのではなく、革命を完遂させたいのです」。この若き活動家は、重要な真理を理解していた。その真理とは、社会主義政治において積極的に活動する女性は、子供の世話や教育における女性の役割というものの認識に沿った種類の仕事をあてがわれることが多い、というものだ。クルプスカヤは、それでも女性たちがやっていることは、労働者をボリシェヴィキ党に引き入れるうえで極めて重要なことなのだと説明した。[116]

クルプスカヤは、「兵士の妻救済のためのヴィボルグ委員会」の委員長になった。これについてマクニールは、「本質的に党とは関係のない福祉活動」であり、「当然ながら、さほどレーニン主義者的」ではなかったと書いている。[117] これは完全なる間違いだ。兵士の妻たちは戦争に激しく反対し、ますます戦闘的な姿勢を強めていた。クルプスカヤのような女性ボリシェヴィキたちの尽力により、兵士の妻たちは十月革命を支援するうえで重要な役割を果たした。一九一七年八月、レーニンが潜伏している間にペトログラードで開かれた第六回党大会に、クルプスカヤは代議員として出席した。十月五日、彼女はヴィボルグ地区からの七人の代議員団のひとりとしてボリシェヴィキ中央委員会に出向き、権力の奪取を支持するよう論陣を張った。約三週間後に革命が起こったとき、彼女はヴィボルグにいた。

革命後、クルプスカヤは、成人の非識字撲滅と図書館設立を目指す政府機関において尽力した。クルプスカヤはそれまで、あまり多くの文章を書かず、公の場で話すことも避けていた。四八歳となった彼女は、いくつものパンフレットや記事を書くようになり、ロシア国内をまわって、農民や労働者の会合で講演をして教育の必要性を訴えた。クルプスカヤは教育人民委員であるアナトリー・ルナチャルスキーの代理に任命され、成人教育部を担当した。マクニールは書いている。彼女は「人間的で洗練された社会主義教育制度を、経済的に破綻し、内戦で荒廃した国において設計・構築するという不可能な仕事に猛烈なペースで取り組んだ」[118]

そうした経済的破滅状態にもかかわらず、クルプスカヤは支出を一〇倍に増額させ、教育制度の改革に貢献した。三歳から一六歳までの子供は全員、無償で教育を受けることが義務づけられ、革命の最初の二年間で、学校の数は少なくとも二倍に増えた。性差別への対策として、男女共学がすぐに実施され、学習などの面で障害を持つ生徒たちのための学校も初めて作られた。識字運動が全国的に、幼児、兵士、若者、労働者、農民を対象として展開された。だれもが利用できる託児所や幼稚園を提供する試みも行なわれた。赤軍では、五〇パーセントだった非識字率が三年後にはわずか一四パーセントに、その一年後には八パーセントに低下した。大学の講義は労働者に開放され、図書館が建てられ、そこには訓練を受けた司書が配置された。

クルプスカヤは、ソヴィエトによる、ロシア人労働者の心の解放を目指す運動の中心人物だった。まったく新しい教育制度が構築され、そこでは伝統的な教育は排除され、自発的な行動、集団主義、選択を重視し、また生徒たちのそれまでの経験、知識、現実世界とのかかわりを利用した、新しく革新的な技術が採り入れられた。これは非常に大きな成果だった。クルプスカヤは、あらゆる女性ボリシェヴィキの中で最も軽んじられ、過小評価されている人物だ。彼女は一九二四年にレーニンが他界した後も、さらに一五年生き、その間、レーニンの遺した遺産《レガシー》を守りつつ、生き延びるためにスターリンと妥協した。こうした後年の歴史は、ボリシェヴィキ党の地下活動時代にクルプスカヤが果たした重要な役割と、より良い世界を求める闘いに彼女がその生涯を捧げたことを打ち消すものではない。クルプスカヤは、自立した革命家として認識されるに値する人物だ。

アレクサンドラ・コロンタイ（一八七二～一九五二年）

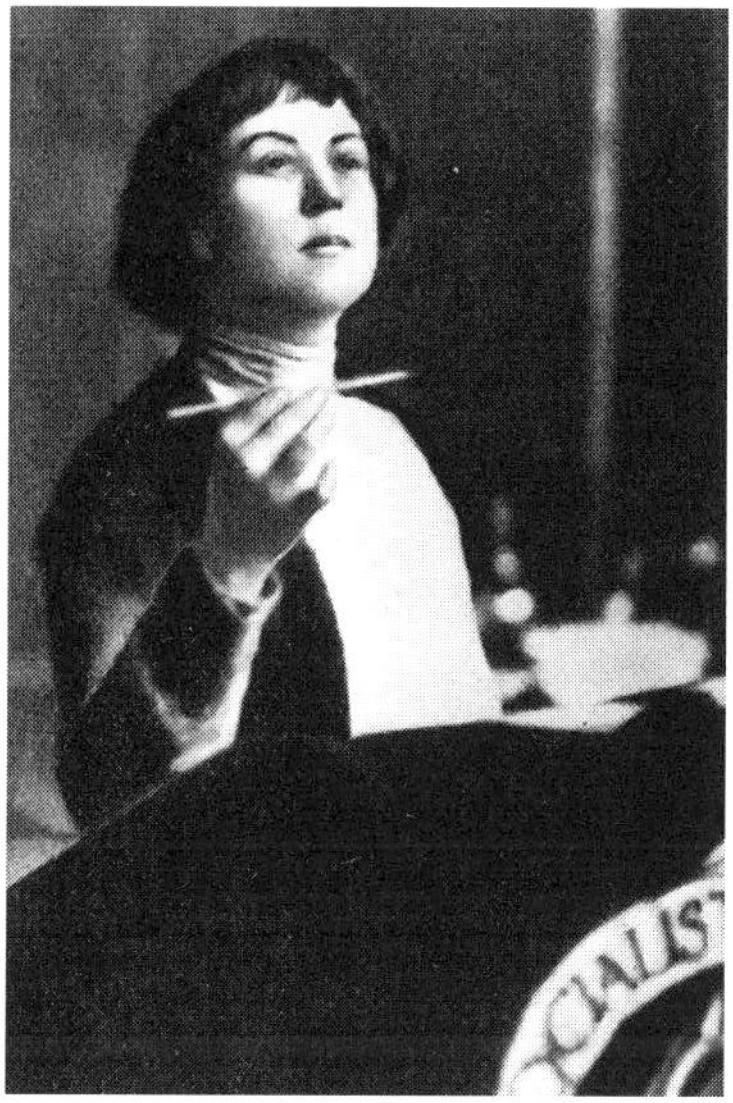

図13　アレクサンドラ・コロンタイ

アレクサンドラ・コロンタイは、女性ボリシェヴィキの中でも最もよく知られる人物だ。歴史家たちは得てして、彼女の肉体的な魅力、型破りな恋愛関係、性的自由についての持論ばかりを強調する傾向にある。しかし、コロンタイは革命のリーダーであり、ロシアだけでなく、ドイツ、ベルギー、フランス、イギリス、北欧、アメリカでも活躍した活動家・演説家であった。イネッサ・アルマンドと同様、彼女は数カ国語に堪能だった。コロンタイは、ボリシェヴィキ党の中でもとりわけ精力的に活動していた。彼女は勇気と堅い決意を持って党を形作り、そこで労働者階級の女性たちが重視されるよう促し、女性解放の理論と実践を発展させた。

コロンタイは貴族の家に生まれた。多くの理想主義的な若手急進派と同じく、彼女はサンクトペテルブルクで労働者向けの夜間クラスを教えるようになった。一八九五年にアウグスト・ベーベルの『女性と社会主義』を読み、これに大きな影響を受けた。一八九八年には、すでに熱心なマルクス主義者になっていた。夫と息子のもとを離れて、ローザ・ルクセンブルクと同じようにチューリッヒで経済学を学び、またルクセンブルクと同じように、エドゥアルト・ベルンシュタインの修正主義に対する反論を発表したが、残念ながらこれは検閲による弾圧を受けた。一八九九年からRSDLPの地下活動に参加するようになる。一九〇五年の革命では積極的な活躍を見せ、ボリシェヴィキの中でもとりわけ有名で、とりわけ人気のある演説者、また革命のためにたゆまぬ努力を続ける扇動者となっていった。▼119 コロンタイは、ボリシェヴィキの多数派による、帝国議会《ドゥーマ》の選挙をボイコットするという戦略に反対した。彼女は議会《ドゥーマ》を基盤として利用できると考えており（これはボリシェヴィキ内でレーニンも主張していた見解であった）、後には大多数がこの立場に同意することになった。

一九〇五年から一九〇八年にかけては、女性労働者が自らの利益を守り闘うための組織化を目指す運動を指揮した。闘争の相手は、雇用者、ブルジョアフェミニズム、また場合によっては社会主義組織内における性差別だった。一九〇八年には亡命を余儀なくされ、それからの九年間を、国際社会主義運動の中で、執筆、教育、講演、組織作りに費やした。一九一四年、ドイツ社会民主党が第一次世界大戦を支持する票を投じたことに嫌悪を覚え、ドイツを離れた。スウェーデンで投獄された後、解放されるとノルウェーに向かった。長くメンシェヴィキを支持していたが、一九一四年の経験からボリシェヴィキに接近し、一九一五年にこれに加わった。反戦を掲げた一九一五年のツィンマーヴァルト会議を中心になって企画し、彼女のパンフレット『誰にとって戦争は必要か？』は数カ国語に翻訳された。

コロンタイは一九一七年四月、レーニンが党に宛てて執筆した手紙を携えてロシアに戻り、到着した瞬間から、ボリシェヴィキの多数派に対抗して、臨時政府に反対する運動を展開した。彼女はある陸軍部隊からの委任を受けて、ペトログラード・ソヴィエトの執行委員会委員として選出された。四月四日には、荒れ模様となった社会民主党の集会において、彼女はレーニン以外で唯一、「すべての権力をソヴィエトに」という要求を支持した演説者となった。一九一七年十月には、政府に対する武装蜂起の決定に参加した。新たなソヴィエト政府においては社会福祉人民委員に選ばれ、ペトログラードの悪名高い「天使の工場」［劣悪な環境の児童養護施設を指す表現］にいる孤児たちの苦しみを和らげるために尽力した。一九一八年、コロンタイは代表団を率いてスウェーデン、イギリス、フランスへ赴き、また第一回全ロシア女性労働者・農婦大会を開催するうえで重要な役割を果たした。心臓発作に見舞われながらも、彼女は会議、演説、執筆の過酷なスケジュールをこなした。コロンタイは、アルマンド、クルプスカヤとともに女性部《ジェンアッジェール》を設立し、一九二〇年のアルマンドの死後はこれを率いた。アレクサンドラ・コロンタイは力強い演説家だっただけでなく、ロシアにおける労働者階級の女性運動の歴史家であり、家族や性に対してマルクス主義のアプローチを展開した理論家でもあった。個人の家族構造がいかに女性の抑圧の中心にあるか、また工場生産の要求によっていかに家族が損なわれているかを、彼女は説明してみせた。一九二〇年に書いた先見的な文章で、コロンタイは、資本主義的生産が伝統的家族に与える圧力について述べている。

家族は、多くの女性たちが外へ働きに出るほど崩壊していく。男女が異なるシフトで働き、妻が子供のためにまともな食事を用意する時間もない状況で、どうして家庭生活の話などできようか。母親と父親が一日中外で働き、子供たちと過ごす時間を少しも見つけられないような状態で、どうして親についての話などできようか。[▼120]

コロンタイはまた、家の外で働きながら階級闘争に参加する女性が、いかに自分自身を変革することができるかを力強く訴えている。一九〇五年についての文章にはこうある。「混乱とストライキの実践の時期には、虐げられ、気弱で、権利を持たないプロレタリアの女性たちが、突如として成長し、自尊心と自信を持つことを学ぶ[121]」

コロンタイは、抑圧が女性と男性の両方におよぼす心理的影響にも関心を寄せた。一九一二年に書かれた「性関係と階級闘争」の中で、彼女は、個人主義とエゴイズムに基づく資本主義社会に生きる人々を苦しめる、精神的な孤独について書いている。この孤独のせいで、人は自分だけのソウルメイト、「逃れられない孤独の憂さを晴らしてくれる」恋人を求めざるを得なくなるが[122]、この性愛は、女性の服従と偽善的なダブルスタンダードに基づいていると、コロンタイは説明する。性的自由には、女性が家事という苦役から解放され、女性と男性が平等、友愛、尊敬、自由に基づいた新たな関係を確立することが必要となる。そうした関係は、どちらにとってもより楽しく、より充実したものになると、彼女は考えていた。

この刺激的な未来像は、家族に代わる社会的な選択肢を生み出すリソースに依存していた。しかしながら、ロシアは第一次大戦で大きな損失をこうむり、革命後の内戦でさらに傷口を広げ、しかも革命はほかの国まで広がらずに終わっていた。個人の家庭に代わる選択肢を生み出す物質的リソースは存在しなかった。コロンタイはソヴィエトと共産党（一九一八年にボリシェヴィキ党から改称）の官僚組織化に抗議した。一九二一年にはパンフレット『労働者反対派』を出版したが、共産党内の分派が禁止されたことで、それ以上の批判はできなくなった。その後、外交官となり、大使としてメキシコ、スウェーデン、ノルウェーなどの諸外国で長年過ごした後、一九四五年にモスクワに戻った。

ソヴィエト政府が、女性解放への願いを最終的に実現にできなかったことも、後年のスターリン政権との妥協も、一九一七年の革命とその直後にコロンタイが成し遂げたことの価値を貶めるものではない。レーニンとの深刻な意見の相違があったにもかかわらず、コロンタイは一九一四年八月、そして一九一七年四月と十月の重要な時期に、彼とともにいた。もし男性であったなら、コロンタイはその経験、能力、カリスマ、膨大な著作によって、革命の偉大な指導者たちのひとりに数えられたに違いない。

エレーナ・スタソワ（一八七三〜一九六六年）

図14　エレーナ・スタソワ

エレーナ・スタソワは、ボリシェヴィキ女性党員の中でもとりわけ尊敬を集めた人物だった。一八七三年、教養ある裕福な家庭に生まれた（祖父は皇帝《ツァーリ》アレクサンドル一世とニコライ一世に仕えた建築家だった）。多くの急進派と同様、サンクトペテルブルクの日曜学校で労働者を教え、そこでマルクス主義者たちとつながりを持った。一八九五年には、政治犯宛のメッセージを密かに運んだり、自分のアパートにビラを隠したりしていた。一八九八年のロシア社会民主党設立とともに入党し、じきにプロの革命家となる。一九〇三年にRSDLPがボリシェヴィキ派とメンシェヴィキ派に分裂したときには、レーニンの側についた。サンクトペテルブルクで党の機関紙『イスクラ』を配布し、ボリシェヴィキ党書記をはじめ、党の主要な役職を務めた。

一九〇五年にロシアを離れてジュネーヴへ行き、一九〇六年にロシアへ戻ってジョージアでボリシェヴィキ党を指導。一九一二年にボリシェヴィキ党中央委員に選出されたが、翌年逮捕され、シベリアへ追放となる。一九一七年、ボリシェヴィキ中央委員会書記に任命され、一九一八年からは正式なメンバーとなった。一九二〇年に中央委員会を去り、ボリシェヴィキ党の国際組織コミンテルンで働き始めた。長年にわたり、ドイツのコミンテルン代表を務める。ロシアに戻った後は、引退するまで文芸誌の編集委員として働いた。エレーナ・スタソワは、スターリンの台頭を無傷で生き延びた極めて数少ないオールド・ボリシェヴィキのひとりだった。その理由はおそらく、スターリンの台頭初期には外国に住んでいたこと、その後は政治よりも文学に注力していたためと思われる。

イネッサ・アルマンド（一八七四〜一九二〇年）

図15　イネッサ・アルマンド

イネッサ・アルマンドは、歴史家たちからとりわけ不当な扱いを受けてきた人物だ。歴史家は「やったか、やらないか」という、彼女がレーニンと寝たかどうかをめぐる憶測以上の考察をしようとしない。ヘレン・ラパポートは、多くの人がそうしたように、グラマラスで自信に満ちたアルマンドと、野暮ったく従順なクルプスカヤを比較している。「イネッサは、ナデジダ・クルプスカヤにないものをすべて持っていた。美しく、洗練され、多言語を操り、また生来のフランス人らしい優美さ、女性らしさに恵まれていた[123]」。そのうえ、イネッサは料理までできた。それに引き換えクルプスカヤは、自身の外見を気にせず、不格好で、だらしなかった。こうして、虐げられた妻、洗練された恋人、その頂点に立つ権力者たる男性の三角関係という古臭いナラティブが創り上げられ、何度も蒸し返された。

歴史家は皆一様に、性的魅力は従来の美の基準に沿ったものであるべきだという見解を持っている。コロンタイの小説『偉大なる恋』は、レーニン、クルプスカヤ、アルマンドの三角関係を題材にしていると言われており、この作品の発表以降、彼らの私生活についての議論には、作り話が大いに入り込むようになったように思われる。革命活動において女性たちが果たした役割を認めようという志を持つ書き手でさえ、その影響と無関係ではいられない。たとえば、アルマンドとレーニンが、パリののどかな春の日に初めて出会ったときのことについて書いたタリク・アリの文章には、どこか恋愛小説のような雰囲気が漂っている。アリは、アルマンドの伝記作家が彼女とレーニンとの間の性的関係を否定していることを非難し、この関係に言及しなければ、彼女の伝記を書く価値はないと示唆している[124]。

アルマンドは、伝統的な道徳観を再構築することを目指したスターリン時代の歴史家たちによって、歴史から抹消された。西欧の歴史家によるアルマンドの解釈は、レーニンとの関係という色眼鏡を通したものであり、「レーニンのこん棒」、「レーニンの副官」などと表現される。歴史家のラルフ・カーター・エルウッドは彼女のことを、「レーニンの女性事務員《ガールフライデー》」と呼んだ。▼125 アルマンドの政治活動は、常にレーニンとの関係において語られ、彼女は「国際会議にレーニンの代理として出席している」、一九一二年にはサンクトペテルブルクのボリシェヴィキ党の組織を再建するために「レーニンに代わって」出向いたといった言及の仕方をされる。まるでアルマンドは、自身の政治的信念ではなく、ひとりの男性への忠誠心によって動かされていたと言わんばかりだ。男性革命家であれば、こうした言葉で表現されることは決してない。

実際のアルマンドは、レーニンと出会う前から経験豊富な革命家であった。四カ国語を流暢に話し、国際的な社会主義者会合で演説をしたり、一九一一年には党の学校において唯一の女性として講義を行なったりすることができるだけの自信と深い理解力を持っていた。レーニンとクルプスカヤと密に協力してボリシェヴィキ党を作り上げ、またレーニンと意見が異なるときには断固として反対の姿勢を貫いた。一九一五年にアルマンドが書くことを予定していた、物質的な束縛からも抑圧的な道徳からも解き放たれた自由な恋愛を支持する記事の構想をめぐって、ふたりで言い争ったこともあった。

彼女はまた、ブレスト＝リトフスク条約［第一次大戦中、ロシアのソヴィエト政権がドイツなどの同盟国側と結んだ単独講和条約」について非常に批判的な見解を持っていた。教養と学があり、献身的なこの革命家が、「レーニンの女性事務員《ガールフライデー》」以上の存在だったことは間違いない。

アルマンドは三〇歳で革命にのめり込むようになり、その時点から死ぬまで、熱心な活動家であり続けた。一八七四年のパリで、フランス人オペラ歌手とロシア人貴族の間に生まれ、モスクワにいるロシア人の祖母のもとで育てられた。裕福なフランス系ロシア人、アレクサンドル・アルマンドと一九歳で結婚し、四人の子供を生んだ。当初はフェミニストとして政治にかかわるようになった。一九〇一年、女子のための学校の設置を目指すが、これはモスクワ当局からの認可が得られずに終わった。翌年、彼女はモスクワに数多くいる売春婦たちを更生させるための広範な運動の一環として、「虐げられた女性たち」のためのシェルターを開設した。慈善活動では十分ではないことがわかってきたとき、多くの女性たちが目指したのは、女性のために政治的権利の向上を勝ち取ることだった。アルマンドはしかし、それとは異なる政治的目標を掲げていた。モスクワの街頭にいる最も貧しい女性たちと接した経験から、彼女は、政治的権利だけでは不十分であり、女性の生活の持続的な改善を勝ち取るためには、政治・経済システム全体を変えなければならないことを悟っていた。

二八歳のとき、アルマンドはアレクサンドルのもとを去り、彼の弟で革命家のウラジーミルと一緒に暮らして子供をひとりもうける。アレクサンドルとはその後も良好な関係を保ち、彼はアルマンドが亡くなるまで彼女を支え続けた。ウラジーミルとの関係を通して、アルマンドは革命家たちと出会い、彼らの文献を読むようになった。一九〇三年にRSDLPに加わり、地下活動を始める。それから一五年間、アルマンドは、子供たちとの時間を自身の政治生活のために有効活用しながら活動を続けた。身なりがよく、四人の子供を連れた彼女は、子供たちのトランクの底に細工をして、スイスからロシアへ国境を越えて密かに書類を持ち込むのに理想的な立場にあった。

一部の歴史家は、アルマンドが一九〇五年のモスクワ蜂起に参加したと考えているが、伝記作家によると、彼女は当時、結核を患っていたウラジーミルとともに外国にいたという。アルマンドは一九〇五年六月に逮捕されるが、アレクサンドルのとりなしのおかげで釈放された。一九〇七年四月に再び逮捕され、このときはアクレサンドルの訴えもむなしく、十一月にロシア北部に追放された。一年後に逃亡してスイスに急行し、ウラジーミルの看病にあたったが、二週間後、彼はアルマンドの腕の中で息を引き取った。その後はパリへ行き、そこで初めてクルプスカヤとレーニンに会った。それからの七年間は、彼らと一緒に亡命生活を送った。

アルマンドは自身の政治に対する論理的理解力の向上を望んでおり、一九一一年には、ジュネーヴの党学校で、レーニン、ジノヴィエフ、カーメネフとともに教壇に立った。一九一一年にはまた、ヨーロッパにあるすべてのボリシェヴィキグループを連携させる委員会のまとめ役を務めた。一九一二年にロシアに戻ったのは、『プラウダ』の編集者たちに会い、紙面をレーニンの見解に沿ったものにするよう説得するためだった。彼女は逮捕され、再び逃亡するが、それまでにはすでに、増え続けるモスクワの女性労働者のニーズと要求に応えられる方向へ、『プラウダ』を調整する仕事を済ませていた。コンコルディア・サモイロワとズラータ・リリーナ・ジノヴィエワを誘って、女性のための雑誌を創刊しようと持ちかけたのもアルマンドだった。この企画はやがて『ラボートニツァ』へと発展していく。

アルマンドは第一次大戦に反対し、反戦会議を開き、『ラボートニツァ』を始めとする出版物を発行した。バートラム・ウルフは書いている。「イネッサはレーニンの戦時中の活動において重要な役割を担い続けた。ツィンマーヴァルト会議およびキエンタール会議へのボリシェヴィキ代議員団の一員となった。ボリシェヴィキのベルン会議では、ジノヴィエフとレーニンとともに三人構成の委員のひとりとなり、戦争に関する公式決議を起草した」。ウルフは「真の著者がレーニンであったことに疑いの余地はない」と書き添えているが、なぜそこまではっきりと言い切れるのかについては説明していない▼126。アルマンドは一九一四年のブリュッセル合同会議にレーニンの代理として出席している。この会議においてボリシェヴィキは、革命家は戦争を支持する社会主義者から離反せよと主張した。

一九一七年、アルマンドはモスクワ・ソヴィエトの書記に就任し、女性のための改革を推し進めた。一九一八年には第一回の女性労働者大会の開催において重要な役割を果たした。この大会をきっかけとして女性部《ジェンアッジェール》が設立されたため、アルマンドは洗濯場、食堂、託児所などの共用施設の設置に取り組むことができるようになった。アルマンドは中央委員会の女性部《ジェンアッジェール》の長に任命され、女性向けの雑誌

『コムニストカ（女性共産主義者）』を創刊した。同誌の第五号には、彼女の死亡記事が掲載されている。一日一六時間の労働によって疲労困憊となった彼女は、コーカサス山脈の療養所で体を休めていた。一帯が白軍からの攻撃を受けたことで、彼女は別の場所への避難を余儀なくされた。その道中、パンとミルクを買うために列車を降り、そこでコレラに感染した。一九二〇年九月二三日、アルマンドは亡くなった。四六歳だった。大勢が「インターナショナル」を歌う中、彼女は赤の広場に埋葬され、当時国葬が行なわれた極めて数少ない女性のひとりとなった。

コンコルディア・〝ナターシャ〟・サモイロワ（一八七六〜一九二一年）

図16　コンコルディア・“ナターシャ”・サモイロワ

コンコルディア・サモイロワは司祭の娘だ。サンクトペテルブルクの学生だった一八九七年二月に初めてデモに参加する。一九〇一年、自室の捜索により発禁本とリボルバーが発見されたことから大学を退学になり、獄中で三カ月を過ごした。翌年、マルクス主義を学ぶためにパリへ行き、一九〇三年にボリシェヴィキに入党して地下で活動、コードネーム「ナターシャ」を名乗るようになった。一九〇二年から一九一三年にかけて四回逮捕され、一年以上を獄中で過ごした。一九〇五年、モスクワへ行き、そこで起こった反乱に参加した。サモイロワは『プラウダ』の創刊編集者であり、違法な文書をどのように書き、配布すればよいのかを熟知していた。一九一三年に結婚し、女性ボリシェヴィキとしてはめずらしく、子供をふたりもうけた。鉄道労働者の中に入ってボリシェヴィキの扇動を行なっている最中、夫を盗むつもりかと非難する女性たちからの攻撃を受けた。このできごとをきっかけに彼女は、革命家は働く女性たちに手を差し伸べなければならないと確信するようになる。

一九一三年、サモイロワは、乗り気でないサンクトペテルブルク・ボリシェヴィキ委員会を説得して、新たな国際女性デーを記念する女性集会を支援した。数千人が集まったのを見て、サモイロワは大いに喜んだ。入りきれないほどの人数が会場を埋め尽くし、セクシャルハラスメント、低賃金、危険な労働条件についての話に熱心に耳を傾けた。サモイロワはボリシェヴィキの活動家としてすでに一〇年の経験があったが、この集会をきっかけとして女性労働者のための活動にのめり込むようになり、ボリシェヴィキの中で特に影響力のある女性活動家のひとりになっていった。一九一四年および一九一七年の両方で『ラボートニッァ』の編集者を務めた。一九一八年十一月の第一回全ロシア女性大会では、イネッサ・アルマンド、アレクサンドラ・コロンタイとともに演壇に座った。一九二一年にコレラで亡くなった。

オリガ・カーメネワ（一八八三〜一九四一年）

図17　オリガ・カーメネワ

オリガ・カーメネワはトロツキーの妹。一八八三年生まれで、一九〇二年にRSDLPに参加した。レフ・カーメネフと結婚し、一九〇八年以降、ジュネーヴとパリで長い亡命生活を送った。夫とともにレーニンとクルプスカヤと親交を結ぶ。オリガはボリシェヴィキの主要機関誌『プロレタリー』の編集に参加した。一九一四年一月、夫婦はサンクトペテルブルクに戻り、レフはそこで機関紙『プラウダ』の編集を担当した。

十月革命後、オリガ・カーメネワは教育人民委員部劇場部門の責任者となる。劇場は、読み書きのできない労働者にリーチするうえでの極めて重要な手段とみなされていた。カーメネワはロシアの劇場の急進化を目指したが、一九一九年春、より伝統的な劇場を好むアナトリー・ルナチャルスキーによって解任された。カーメネワはまた、女性部《ジェンアッジェール》の役員でもあった。

その後は、飢餓対策のための委員会の主要メンバーとなった。カーメネワが担った最も重要な役割は対外文化交流協会会長であり、そのおかげで重要な文化人をロシアに招くことができた。彼女の結婚生活は、夫がイギリス人彫刻家のクレア・シェリダンと不倫関係に陥ったことで破綻した。にもかかわらず、彼女の政治的地位は、その後も自身の兄や前夫のそれと切り離せない関係にあり、彼らがスターリンの犠牲になると、彼女もこれを逃れることはできなかった。カーメネワの名声もまた、同じ運命をたどる。多くの歴史家にとって、ボリシェヴィキ党およびソヴィエト政府に対する彼女の貢献は、著名な夫と、それよりもさらに著名な兄の影に完全に隠されていた。

ラリサ・ライスナー（一八九五～一九二六年）

図18　ラリサ・ライスナー

ラリサ・ライスナーは、一九一七年の英雄的理想主義を象徴する存在となった。コロンタイやクルプスカヤよりも一世代若い彼女は、詩人であり、革命家であり、闘士であった。一九一八年には多くの若い女性が、白軍から革命を守るためにボリシェヴィキ党に加わっており、彼女もそのひとりだった。ライスナーは後に軍事指導者となり、その経験を散文や詩に綴り、高い評価を受けている。

ライスナーは一八九五年のリトアニアで、女性の権利を支持する社会主義者の両親のもとに生まれた。一家は報復と虐殺を逃れるためにベルリンに移り、ライスナーは最初の八年間をこの街で過ごした。父親は一九〇五年にボリシェヴィキ党に入党し、党の出版物のために記事を書いた。一〇代のころ、ライスナーはマルクスとエンゲルスのほか、ロシアの社会主義や文学の古典を数多く読み、自ら執筆を始めた。一九一二年夏、一七歳のライスナーは、学業で表彰されるほどの優秀な学生だった。家族の支援により、サンクトペテルブルク大学に入ることを許され、革命前のこの街で作家として名を馳せた。しかし、自身が尊敬していた詩人たちの多くが第一次世界大戦を支持したことには、大いに衝撃を受けた。

一九一六年、ライスナーは大学の友人たちとヴォルガ川の汽船旅行に出かけた。旅先で投函された手紙からは、彼女が国内で高まりつつあった革命の機運を感じ取っていることがわかる。両親に宛てて、彼女はこう書いている。

それからもうひとつ。わたしたちはロシアのことを心配する必要はありません。小さな歩哨小屋や市場村など、この大河のすべての停泊地では、何もかもが後戻りできないほど決定的です。彼らはすべてを知っており、だれも許さず、何も忘れません。そして時がくれば、彼らは判決を言い渡し、かつて見たこともないような罰を下すでしょう。わたしはときに、どうしようもない不吉な予感にさいなまれます。もし糸があまりに早く切れさえしなければ、もしあの穏やかで恐ろしい行ないが、単なる言葉のままで終わりさえしなければ。しかし、それは至るところにあります。黄色くなる森の縁の向こうに、島や早瀬の向こうに。そしてそうした要素は、決して見間違いではないのです。▼127

二月革命の後、ライスナーはマクシム・ゴーリキーの新聞『新生活』にかかわるようになり、臨時政府による綴り字改革プログラムで労働者を教え始めた。「ラリサにとってそれは、ペトログラードの大衆と接する初めての経験であり、これが革命家としての彼女を形成し、その人生を変えた」と、キャシー・ポーターは書いている。▼128 クロンシュタットの水兵のクラブで、ライスナーはボリシェヴィキのフョードル・ラスコーリニコフと出会い、後に結婚した。十月革命直後、ライスナーはボリシェヴィキ中央委員会へ出向き、奉仕を申し出た。「騎乗、射撃、偵察、執筆、前線からの通信、そして必要とあらば、死ぬこともできます……▼129」。ライスナーはアナトリー・ルナチャルスキーとともに教育部門で働き始めた。

一九一八年三月、約五万人のチェコ兵がボリシェヴィキに反旗を翻し、日本軍がロシアに侵攻し、さらにはイギリス、アメリカ、フランスに資金援助を受けた白軍が、いっせいに新政権に対して戦いを挑んだ。ライスナーは敵陣の背後で命がけで働きながら、多くの悲惨な現場を目のあたりにした。彼女はヴォルガ川沿いの街サマラ周辺で活動し、危険な監視任務をこなした。一九二〇年にペトログラードに戻ると、戦争における女性の役割に焦点を当てた『戦場からの手紙』を執筆し、大きな反響を呼んだ。ライスナーは、ボリシェヴィキの女性として初めて赤軍の政治人民委員《コミッサール》となり、一九一九年にはモスクワの海軍参謀本部で人民委員《コミッサール》を務めた。

ライスナーと夫は一九二一年にアフガニスタンに赴任し、そこで二年暮らした。ライスナーは、アフガニスタンをロシアの大義のために獲得する責任を託されていた。一九二三年、彼女はドイツに不法入国し、そこで失敗に終わったドイツ革命を目撃する。自身の名声の絶頂期にロシアに戻り、ウラル山脈を旅して、鉱夫たちが送る生活の厳しさを伝えた。彼女の著作は一九二〇年代のソヴィエト・ロシアにおいて広く読まれ、賞賛を受けた。

ライスナーの代表作『前線』は、内戦における自身の経験に基づくものであり、彼女は新しく、直接的かつ文学的なスタイルで文章を綴っている。

三年間戦うこと、銃を持って何千マイルも行進して、藁で作ったパンをかじること、ノミだらけの病院の不潔なベッドの上で死に、腐り、恐怖に震えること——そして勝利すること！　そう、われわれよりも三倍強い敵に打ち勝つために、ぼろぼろのライフル、崩れそうな飛行機、四級のガソリンで武装し、そうしている間にも常に、故郷の愛する人たちには、悲惨な、怒りに満ちた手紙が届き続ける……。こうした状況には、激しい言葉のほとばしりがひとつやふたつ必要だ。そうは思わないか？[130]

ある書評はこの本を称賛し、「著者はたぐいまれな才能で、人々がどのように革命を作り、また革命がどのように人々を作ったかを描いている」と書いている。[131]

ライスナーは一九二六年、発疹チフスのためにわずか三〇歳でこの世を去った。今日では、革命に生きたこの女性作家を称賛した男性たちが書いた言葉のほうが、彼女自身が書いた言葉よりもはるかに見つけやすいというのは、悲しい皮肉だ。ライスナーは、女性が直面していた具体的な闘いについて書くことはほとんどなかった。キャシー・ポーターはこう説明する。「ラリサ・ライスナーが成人したのは、女性たちが服従、自制、家庭的であることという従来の女性倫理を乗り越えることがようやく可能になったように思われた時代だった。彼女の文章は、革命における女性の生活、そして彼女たちに開かれようとしていた無限の可能性、不安定さ、危険に伴う力と困難で打ち震えている[132]」

訳者あとがき

本書『女たちのレボリューション——ロシア革命1905〜1917』は、Judy Coxによる著書The Women's Revolution: Russia 1905–1917（Haymarket Books, 2019）の全訳である。

学術、芸術、政治などさまざまな分野において過去に女性たちが果たしてきた役割を再発見し、正当に評価しようという動きは近年、急速に進みつつある。一九〇五〜一九一七年にかけて起こったロシア革命の背後にいた女性たちに焦点を当てる本書もまた、そうした試みのひとつだ。

歴史家バーバラ・C・アレンによる「ボリシェヴィキ党組織のあらゆるレベルにおける女性による貢献についてのコックスの生き生きとした描写は、女性革命家を過小評価する歴史を覆すものだ」との指摘に示されている通り、本書には、党で重要な地位に就いていたアレクサンドラ・コロンタイら比較的著名な革命家から、ストライキを組織した洗濯婦、路面電車に武器を乗せて運んだ運転士に至るまで、革命に貢献した数多くの女性たちが登場する。ロシア革命が現実となるまでの過程で彼女たちが何を思い、何と戦い、何をなしたかをたどることによって、著者のジュディ・コックスは、革命の記録において「これまでずっと陰に追いやられてきた」女性たちを、「革命政治の中心という正当な場所に戻す」作業に取り組んでいる。

「これはバリケードで戦う女性たち、資本主義を理論化する女性たち、列車強盗を働く女性たち、皇帝《ツァーリ》と戦うために武器を密輸する女性たちの物語だ」。『99％のためのフェミニズム宣言』（邦訳、人文書院刊）の共著者ティティ・バタチャーリャはそう書いている。「ジュディ・コックスがわたしたちのために復権させるのは『例外的な』女性たちによる『偉業』の物語ではない。むしろそれは、革命の意志をもった平凡な女性たちが、資本家階級を相手にいかにして戦い、勝利に肉薄したかについてのより重要な歴史だ」

帝政ロシア末期を生きる女性たちは、教育機会を与えられず、男性の支配する家庭で家事・育児をすべて担うことを強要され、夫からの暴力に苦しんでいた。また、革命活動に積極的に参加しつつも、男性からの偏見だけでなく、自らの自信と経験のなさに悩まされ、党の要職に就くことをあきらめた女性たちもいた。本書を読んでいると、隣国でありながら、文化、言語、社会体制が日本とは大きく異なるロシアという国において、一〇〇年も前に生きていた女性たちが抱えていた問題に、現代日本の女性たちが抱えるそれと重なり合う部分が極めて多いことに気付かされる。そこには、女性という存在に対して行なわれる抑圧や差別が、いかに普遍的なものであるかが現れている。

ボリシェヴィキの女性たちは、圧倒的な男性社会であるロシアにおいて、女性と男性が平等の権利を有し、労働力に加わることのできる社会というビジョンを掲げた。一時的な成果に終わったとはいえ、女性たちを家事と育児から解放するために、託児所や学校のみならず、公共の食堂や洗濯施設まで作ったという女性革命家たちの発想と、理想を実現する力には驚かされる。

ロンドン大学客員教授マリー・デイヴィスが指摘している通り、著者の「基本的な主張は、女性革命家は有名な男性指導者たちの小間使いに過ぎなかったという神話を払拭すること」にある。女性社会主義者たちは、「戦闘的活動家や政治的指導者として」の役割を担い、また「革命組織の古い殻を破って女性たちに手を差し伸べ、組織化を促し」た。そして、自らの「人間としての尊厳」に気づかされ、苦しい生活を改善するために、また社会を改革するために立ち上がった女性たちのストライキをきっかけとして、ロシア革命の大波は引き起こされた。この歴史的な出来事にかかわった大勢の、そして多様な女性たちの姿を記録する本書の存在は、現代はもちろん、おそらくはまだ女性差別が残っているだろう一〇〇年後の女性たちにとっても、力強い道標となることだろう。

訳者による補足は［　］で加えた。また、原書中の明らかに間違いと思われる箇所については編集部と協議の上、修正した。人名の表記については、可能な限りロシア語の発音に近いものとするよう心がけたが、定訳が無いものについては、原書に従い、日本語での慣例と相違している場合もある。

このほか、本書の内容と翻訳に関して追記が必要と思われるものを以下に記す。

グリゴリー・ジノヴィエフは、ズラータ・リリーナ・ジノヴィエワとオリガ・ラヴィッチの二人と結婚しているが、どちらと先に結婚したかについては諸説がある（本書五頁）。G・N・ルジェノフスキーの肩書は、原書では「councillor」であり、日本語の文献においてはばらつきがあるが、諸資料に鑑みて「地方議員」とした（四二頁）。一九〇八年十二月の「全ロシア女性大会」（四四頁）にアレクサンドラ・コロンタイは出席しなかったとする資料もあるが、Cathy Porter 著 Alexandra Kollontai には、コロンタイはこれに出席し、逮捕を避けるために後ろの方に席をとったとある。その後、議論が白熱して臨席が明らかになる危険が高まったため、彼女は急いで裏口から退場している。イネッサ・アルマンドが一九一一年に「レーニン、ジノヴィエフ、カーメネフとともに教壇に立った」（一四一頁）党学校の場所は、ジュネーヴではなく、フランスのロンジュモとする資料もある。

北村京子

参考文献

Tariq Ali, *The Dilemmas of Lenin: Terrorism, War, Empire, Love, Revolution* (Verso, 2017)

Sarah Badcock, 'Women, Protest and Revolution: Soldiers' Wives in Russia 1917' in *International Review of Social History*, April 2004 (Cambridge, 2004)

Carolyn J Eichner, *Surmounting the Barricades: Women in the Paris Commune* (Indiana, 2004)

Barbara Evans Clements, *Bolshevik Women* (Cambridge, 1997)

Jane McDermid and Anna Hillyar, *Midwives of the Revolution: Female Bolsheviks and Women Workers in 1917* (Ohio, 1999)

Robert H McNeal, *Bride of the Revolution: Krupskaya and Lenin* (Littlehampton, 1973)

China Miéville, *October: The Story of the Russian Revolution* (Verso, 2017)（チャイナ・ミエヴィル『オクトーバー：物語ロシア革命』松本剛史訳、筑摩書房、2017年）

Cathy Porter, *Fathers and Daughters: Russian Women in Revolution* (London, 1976), *Alexandra Kollontai: A Biography* (London, 1980), *Larissa Reisner: A Biography* (London, 1988)

Alexander Rabinowitch, *The Bolsheviks Come to Power: The Revolution of 1917 in Petrograd* (London, 2004)

Edith Thomas, *The Women Incendiaries: The Fantastic Story of the Women of the Paris Commune Who Took up Arms in the Fight for Liberty and Equality* (New York, 1966)

Katy Turton, *Forgotten Lives: The Role of Anna, Ol'ga and Mariia Ul'ianova in the Russian Revolution, 1864-1937 (*PhD thesis, available online at www.theses.gla.ac.uk, 2004)

エレイン・グレアム＝リーとフェイジ・イスマイルの協力、支援、助言に感謝します。

年表

1879年	ヴェラ・ザスーリチ、トレポフ大佐を銃撃
1881年	皇帝《ツァーリ》アレクサンドル二世、革命組織「人民の意志」により暗殺 ソフィア・ペロフスカヤ公開処刑 ヴェラ・フィグネル逮捕。禁固二〇年を言い渡され、その後国内追放となる
1887年	アンナの弟で、ウラジーミルとマリアの兄であるアレクサンドル・ウリヤノフが、皇帝《ツァーリ》アレクサンドル三世暗殺未遂の罪で処刑
1898年	ロシア社会民主労働党設立
1903年	ロシア社会民主労働党、ボリシェヴィキとメンシェヴィキに分裂
1904年	日露戦争
1905年	革命の年。激しく弾圧される 1月：血の日曜日 6月：戦艦ポチョムキンの反乱
1906年	マリア・スピリドーノワ、ルジェノフスキーを銃撃
1908年	コロンタイが『女性問題の社会的基礎』を出版
1914年	第一次世界大戦 8月：サンクトペテルブルクがペトログラードに改称 『ラボートニツァ』創刊
1917年	2月：国際女性デーをきっかけに最初の革命が勃発 4月：レーニン、クルプスカヤ、アルマンドらがペトログラードに到着 5月：『ラボートニツァ』再始動。洗濯婦のストライキ 7月：女性参政権が認められる 7月：臨時政府に対する激しい抗議行動 8月：コルニーロフ将軍によるクーデター未遂 10月：革命 市民結婚が認められる 離婚自由化 同一賃金法制定 同性愛合法化

1918年	7月：ロシア初の憲法により男女同権が認められる 11月：第一回全女性大会開催
1919年	女性部《ジェンアッジェール》 設立
1920年	中絶合法化
1967年	英国で中絶合法化。ただし北アイルランドを除く 英国で同性愛が非犯罪化
1969年	英国で女性の離婚自由化
1970年	英国で同一賃金法制定

注

第一部　革命の時代

第一章　女性たちはどこに

1 Alexander Rabinowitch, *The Bolsheviks Come to Power: The Revolution of 1917 in Petrograd*, (London, 2004), p. 345.

2 Richard Stites, *The Women's Liberation Movement in Russia: Feminism, Nihilism and Bolshevism 1860-1930*, (Princeton, 1978), p. 289.

3 China Miéville, *October: The Story of the Russian Revolution*, (London, 2017).

4 Tariq Ali, *The Dilemmas of Lenin: Terrorism, War, Empire, Love, Revolution*, (London, 2017).

5 Robert H McNeal, *Bride of the Revolution: Krupskaya and Lenin*, (Littlehampton, 1973).

6 Robert Service, *Lenin: A Biography*, (London, 2000), p. 97.（ロバート・サーヴィス『レーニン』上下、河合秀和訳、岩波書店、2002年）

7 Cathy Porter, *Alexandra Kollontai: A Biography*, (London, 1980).

第二章　パリのロシア人：「バリケードへ!」

8 Carolyn J Eichner, *Surmounting the Barricades: Women in the Paris Commune*, (Indiana, 2004), p. 25.

9 Edith Thomas, *The Women Incendiaries: The Fantastic Story of the Women of the Paris Commune Who Took up Arms in the Fight for Liberty and Equality*, (New York, 1966), p. 75.

10 Cathy Porter, *Fathers and Daughters: Russian Women in Revolution*, (London, 1976), p. 121.

11 Thomas, *Women Incendiaries*, p. 75.

12 Ibid., p. 114.

13 Mary Gabriel, *Love and Capital: Karl and Jenny Marx and the Birth of a Revolution*, (New York, 2011), p. 433.

14 Thomas, *Women Incendiaries*, p. 70.

15 Vladimir Ilyich Lenin, *State and Revolution* (New York, 1932).（レーニン『国家と革命』宇高基輔訳、岩波文庫、1957年）

第三章　最初の革命：「人民の中へ!」

16 Porter, *Alexandra Kollontai*, p. 87.

17 Porter, *Fathers and Daughters*, p. 37.

18 Leon Trotsky, *Lenin*, (New York, 1925), *Lenin and Old Iskra*, part I, https://www.marxists.org/.（レフ・トロツキー『レーニン』森田成也訳、光文社古典新訳文庫、2007年）

19 Oscar Wilde, *Vera; or, The Nihilists* (London, 1902).（オスカー・ワイルド「ヴェラ、あるいはニヒリストたち」木村光一訳、『オスカー・ワイルド全集』第3巻、出帆社、

1976年）

20 Ali, *The Dilemmas of Lenin*, p. 113.

21 Barbara Evans Clements, *Bolshevik Women*, (Cambridge, 1997), p. 25.

第四章　一九〇五年：「抑圧された者たちの祝祭」

22 http://alphahistory.com/russianrevolution/bloody-sunday-petition-1905/ 'The Bloody Sunday Petition to the Tsar' (1905).

23 Porter, *Alexandra Kollontai*, p. 91.

24 Ibid., p. 89.

25 Ibid., p. 86.

26 Ibid., p. 94.

27 Jane McDermid and Anna Hillyar, *Midwives of the Revolution: Female Bolsheviks and Women Workers in 1917*, (Ohio, 1999).

28 Ibid, p. 62.

29 Vladimir Ilyich Lenin, 'The Two Tactics of Social Democracy in the Democratic Revolution', Chapter 13, (1906) https://www.marxists.org/.（レーニン『民主主義革命における社会民主党の二つの戦術』新田礼二訳、大月書店、1979年）

第五章　テロ、参政権、社会主義

30 Miéville, *October*, p. 67.

31 Porter, *Alexandra Kollontai*, p. 146.

32 Clements, *Bolshevik Women*, p. 21.

33 R J Evans, *Comrades and Sisters: Feminism, Socialism and Pacifism in Europe 1870-1945*, (New York, 1987), p. 76.

34 Katy Turton, 'Forgotten Lives: The Role of Anna, Ol'ga and Mariia Ul'ianova in the Russian Revolution, 1864-1937', PhD thesis, theses.gla.ac.uk (2004).

第六章　一九一四年：戦争の惨禍

35 Evans, *Comrades and Sisters*, p. 131.

36 Quoted in RAJ Schlesinger, *Changing Attitudes in Soviet Russia: The Family*, (London, 1949), p. 328.

37 Helen Rappaport, *Caught in the Revolution: Petrograd, 1917*, (London, 2016), p. 37.

38 Ibid., p. 35.

39 Ibid., p. 45.

第七章　「われらボリシェヴィキは翼を持ったように感じた」

40 Clements, *Bolshevik Women*, p.122.［パリにいたお針子が、二月革命の報に接したときの自らの気持ちを表現した言葉］

41 McDermid and Hillyar, *Midwives of the Revolution*, p. 142.

42 Leon Trotsky, *History of the Russian Revolution*, (New York, 1932), Chapter 8, 'Who led the February Insurrection?', paragraph 1, https://www.marxists.org/.（トロツキー『ロシア革命史』全5巻、藤井一行訳、岩波文庫、2000-2001年）

43 Trotsky, *History of the Russian Revolution*, Chapter 8, 'Who led the February Insurrection?', paragraph 29, (New York, 1932), https://www.marxists.org/.
44 Ibid., paragraph 31.
45 Marcel Liebman, *Leninism under Lenin*, (London, 1980), p. 117.
46 P Sorokin, *Leaves from a Russian Diary*, (London, 1950), p. 3.
47 E N Burdzhalov, *Russia's Second Revolution: The February 1917 Uprising in Petrograd*, (Bloomington, 1987), p. 112.
48 Ibid., p. 105.
49 Ibid.
50 Ibid., p. 106.
51 Ibid., p. 107.
52 Ibid., p. 107.
53 Ibid., p. 115.
54 Rapport, *Caught in the Revolution*, p. 145.
55 Clements, *Bolshevik Women*, p. 122.

第八章　二月から十月へ：「われわれは権利を簡単に手にすることはできない」

56 Porter, *Alexandra Kollontai*, p. 242.
57 McDermid and Hillyar, *Midwives of the Revolution*, p. 159.
58 Sarah Badcock, 'Women, Protest and Revolution: Soldiers' Wives in Russia 1917', *International Review of Social History*, April 2004, (Cambridge, 2004), p. 11.
59 Miéville, *October*, p. 94.
60 Rappaport, *Caught in the Revolution*, p. 147.
61 Porter, *Alexandra Kollontai*, p. 251.
62 Clements, *Bolshevik Women*, p. 101.
63 Porter, *Alexandra Kollontai*, p. 252.
64 Ibid., p253.
65 Badcock, 'Women, Protest and Revolution', p. 27.
66 Badcock, 'Women, Protest and Revolution', p. 23.
67 Ibid.
68 Porter, *Alexandra Kollontai*, p. 251.
69 Badcock, 'Women, Protest and Revolution', pp. 22-3.
70 Miéville, *October*, p. 115.
71 Badcock, 'Women, Protest and Revolution', p. 2.
72 McDermid and Hillyar, *Midwives of the Revolution*, p. 163.
73 Ibid., p. 165.
74 Clements, *Bolshevik Women*, p. 105.
75 Ibid., p. 133.
76 Ibid., p. 132.
77 Ibid.

第九章 「われわれは革命をこの身に背負って実現させた」

78 McDermid and Hillyar, *Midwives of the Revolution*, p.201.［モスクワの女性繊維労働者による言葉］
79 Porter, *Alexandra Kollontai*, p. 268.
80 Ibid., pp. 267-8.
81 Clements, *Bolshevik Women*, p. 126.
82 McDermid and Hillyar, *Midwives of the Revolution*, p. 71.
83 Bessie Beatty, *The Red Heart of Russia*, (New York, 1918), p. 358.
84 Ibid., p. 358.
85 Alexandra Kollontai, 'Letter to Dora Montefiore', 1921, paragraph 5, https://www.marxists.org/.
86 Clements, *Bolshevik Women*, pp. 180-4.
87 Ibid., p. 129.

第一〇章 解放に向けた法制化

88 Porter, *Alexandra Kollontai*, p. 283.
89 Ali, *Dilemmas of Lenin*, p. 273.
90 Miéville, *October*, p. 122.
91 Ali, *Dilemmas of Lenin*, p. 269.
92 たとえば以下を参照 Sheila Rowbotham, chapter 'If You Like Tobogganing: Women in Russia Before and After the Revolution', *Women, Resistance and Revolution: A History of Women and Revolution in the Modern World* (London, 1973).
93 R C Elwood, I*nessa Armand: Revolutionary and Feminist*, (Cambridge, 1992) p. 240.
94 Beatty, *The Red Heart of Russia*, p. 380.

第一一章 レーニン主義者、フェミニスト、「崇拝する女性たち」

95 Larissa Vasilieva (editor), *Kremlin Wives*, (London, 1994), p. 9.
96 Porter, *Alexandra Kollontai*, p. 248.
97 Liebman, *Leninism*, p. 131.
98 Rabinowitch, *The Bolsheviks Come to Power*, p. 265.

結び 抑圧された人々の擁護者

99 Turton, *Forgotten Lives*, p. 2.
100 Clements, *Bolshevik Women*, pp. 56-7.
101 Ibid., p. 105.

第二部 革命家たちの生涯

アンナ・ウリヤノワ、マリア・ウリヤノワ

102 Turton, *Forgotten Lives*, p. 23.
103 Quoted in Turton, *Forgotten Lives*, p. 34.
104 Service, *Lenin*, p. 447.

105 Ibid., p. 84.

106 Quoted in Turton, *Forgotten Lives*, p. 63.

107 Ibid., pp. 126-7.

108 Ibid., p. 68.

109 Ibid., pp. 69-70.

ナデジダ・クルプスカヤ

110 Jane McDermid and Anya Hillyard, 'In Lenin's Shadow: Nadezhda Krupskaya and the Bolshevik Revolution'. In: *Reinterpreting Revolutionary Russia: Essays in Honour of James D White*, (New York, 2006) p. 148.

111 McNeal, *Bride of the Revolution*, p. 101.

112 Helen Rappaport, *Conspirator: Lenin in Exile*, (London, 2009), p. 17.

113 McNeal, *Bride of the Revolution*, p. 79.

114 Rapport, *Conspirator*, p. 74.

115 Leon Trotsky, *My Life*, (New York, 1903), Chapter XII: The Party Congress and the Split, paragraph 5, https://www.marxists.org/.（トロツキー『わが生涯』上下、森田成也訳、岩波文庫、2000年）

116 McNeal, *Bride of the Revolution*, p. 175.

117 Ibid., p. 177.

118 Ibid., p. 188.

アレクサンドラ・コロンタイ

119 コロンタイの肉声の素晴らしい録音をYouTubeで聞くことができる Alexandra Kollontai a las trabajadoras, 1918, https://www.youtube.com/watch?v=qQzyhei NVuY.

120 Alexandra Kollontai, *Communism and the Family*, (Petrograd, 1920), paragraph 3, https://www.marxists.org/.

121 Alexandra Kollontai, 'On the History of the Movement of Women Workers in Russia', 1919, paragraph 6, https://www.marxists.org/.

122 Alexandra Kollontai, 'Sexual Relations and the Class Struggle', (Russia, 1921), paragraph 7, https://www.marxists.org/.

イネッサ・アルマンド

123 Rappaport, *Conspirator*, pp. 190-4.

124 Ali, *Dilemmas of Lenin*, p. 284.

125 Elwood, *Inessa Armand*, p. 125.

126 Bertram D Wolfe, *Strange Communists I have known*, chapter6: Inessa Armand, (New York, 1965).

ラリサ・ライスナー

127 Cathy Porter, *Larissa Reisner*, (London, 1988) p. 39.

128 Ibid., p. 42.

129 Ibid., p. 45.

130 Ibid., p. 152.

131 Ibid., p. 53.

132 Ibid., p. 2.

本文図版一覧

【著者・訳者略歴】

ジュディ・コックス（Judy Cox）

生涯にわたる社会主義作家であり演説家。現在はイーストロンドンで教師をしており、これまでにマルクスの疎外論、ローザ・ルクセンブルクの経済理論、ウィリアム・ブレイク、ロビン・フッドなどについて執筆している。著作にRebellious Daughters of History (Redwords, 2021) など。

北村京子（きたむら・きょうこ）

ロンドン留学後、会社員を経て翻訳者に。訳書にP・ストーカー『なぜ、1%が金持ちで、99%が貧乏になるのか？』、P・ファージング『犬たちを救え！』、A・ナゴルスキ『ヒトラーランド』、W・ペセック『ジャパナイゼーション』、D・ストラティガコス『ヒトラーの家』、M・ブルサード『AIには何ができないか』、J・E・ユージンスキ『陰謀論入門』(以上、作品社)、『ビジュアル科学大辞典 新装版』(日経ナショナルジオグラフィック社、共訳)など。

The Women's Revolution
Russia 1905-1917

女たちのレボリューション
——ロシア革命 1905〜1917

2022年12月 5日　初版第１刷印刷
2022年12月10日　初版第１刷発行

著　者　ジュディ・コックス
訳　者　北村京子

発行者　福田隆雄
発行所　株式会社 作品社
〒102-0072 東京都千代田区飯田橋 2-7-4
電　話　03-3262-9753
ＦＡＸ　03-3262-9757
振　替　00160-3-27183
ウエブサイト　https://www.sakuhinsha.com

装　丁　小川惟久
本文組版　米山雄基
印刷・製本　シナノ印刷株式会社

Printed in Japan
ISBN978-4-86182-936-9　C0022